法者，所以禁民为非而使其迁善远罪也。

——欧阳修

# 国家经济法的结构与历史变迁

荣国权 / 著

华夏出版社

HUAXIA PUBLISHING HOUSE

**图书在版编目（CIP）数据**

国家经济法的结构与历史变迁 / 荣国权著 . -- 北京：
华夏出版社有限公司，2025. -- ISBN 978-7-5222-0880-0

Ⅰ．D996

中国国家版本馆 CIP 数据核字第 2025UY4880 号

国家经济法的结构与历史变迁

作　　者 荣国权
责任编辑 张　平
责任印制 周　然

出版发行 华夏出版社有限公司
经　　销 新华书店
印　　装 三河市少明印务有限公司
版　　次 2025 年 8 月北京第 1 版
　　　　 2025 年 8 月北京第 1 次印刷
开　　本 710mm×1000mm　1/16 开
印　　张 13
字　　数 183 千字
定　　价 59.00 元

华夏出版社有限公司　　　地址：北京市东直门外香河园北里 4 号　邮编：100028
　　　　　　　　　　　　 网址：www.hxph.com.cn　　　电话：（010）64618981
若发现本版图书有印装质量问题，请与我社营销中心联系调换。

# 推荐序

经济法学是一门应用学科，研究对象是经济法。作为一个法律部门，其在法律体系之中独占一席，但是有关其基础理论，存在较大争议。无论是法学界还是经济法学界，都有否认经济法作为法律部门存在的人士。作为经济法学人，我们坚守自己的学术观点，坚持经济法是一个独立的法律部门。之前阅读了国权老师著的《经济法风云录——现代经济法历史和逻辑考察》，很赞同其对现代经济法产生、发展的历史和逻辑的考察方法，以史为据，深入论证，令人信服。这一次他又推出了新作《国家经济法的结构与历史变迁》，再次令我眼前一亮。

本书堪称《经济法风云录——现代经济法历史和逻辑考察》的姊妹篇，前者论证的是现代经济法的诞生，后者论证了古代、近代与现代经济法的演进，逐层递进，将部门法的基础理论剖析得极其深刻，努力去揭开经济法的"神秘面纱"，这也是一代又一代经济法人的使命。尤其是在法律部门与法典的关系上，本书以哲学的方法深入分析了它们的关系，揭示了形式与内容的关系在法律部门概念认识上的意义。本书内容丰富，论据扎实，古今中外的法律文献信手拈来，反映了作者扎实的学术功底。

　　在新时代，国家倡导理论自信，这部著作从经济法理论研究角度实现了自信，从古代一直探索到当代新经济、新质生产力，将经济法的基本原理与各个时代紧密结合，又深入到部门法理论分支和经济学理论中去挖掘深层次的内容，为当前经济法学界的研究做出了很好的贡献，对教学和研究都有很好的启发意义。

王宗玉

2025 年 3 月 6 日

于中国人民大学法学院

# 前　言

在 2021 年，我出版了《经济法风云录——现代经济法历史和逻辑考察》一书，将多年对经济法基础理论的研究公开发表，对现代经济法的历史和逻辑进行了系统的梳理。之后，按照逻辑顺序，我又以《国家经济法的结构与历史变迁》为题，全方位地对经济法进行了梳理与考察。之所以冠以"国家经济法"，是因为国家是一个复杂的政治体，既存在国家的政治经济行为，又存在国家的管理与协调等行为。这是一个非常复杂的命题，因此需要进行深入的研究与探索。

本书将国家经济行为分为四个层次，均是从国家获取收入角度来谈的，还以此为主线，将经济法的体系依次排列，并结合古今中外的实际情况予以佐证，论证了国家经济法的本质属性。然后又在逻辑上指出，国家的经济之道必须建立在安全、稳定、有序的市场基础上。为此，国家必须对市场竞争行为有所控制。否则，无序的竞争会毁掉市场，那样国家经济行为就成了"无根之水"。

本书主要研究经济法的基础理论，但是由于本人才疏学浅，并不一定能真正探索出经济法部门的本质，还有更多的历史材料等待学界同仁去挖掘、研究，我只能尽一点微薄的力量，为经济法学的基础理论做一点贡献。无论具体问题如何复杂、如何具有时代性，我都坚信经济法学的基础理论具有重要的地位与价值。一门学科或一门科学需要扎实的理论基础，形成稳定的概念体系和逻辑体系，这样才能成为学生学习的入门指导，也才能成为更多复杂、新式问题解决的出发点。

本书的出版得到了北京市中咨律师事务所和河南省长垣市保安服务有限公司的大力支持，在此深表感谢！

# 目 录

contents

# 部门法原理及经济法历史论

# 第一章　法律部门分类原理与经济法论

## 第一节　法律部门与法典

### 一、法律部门理论思想探源

经济法作为一个法律部门，是一种历史现象，同时也是一种概念现象。作为概念，它必须严谨、扎实，经得起逻辑和历史的检验。

在古罗马时期就出现了民法的概念，如《查士丁尼民法大全》中出现了"民法"一词，虽然其含义不似今日这么明确，但也存在基本内涵。诉讼法的概念也同样出现在罗马法中。我国古代就有刑法的概念，如东汉史学家班固所著《汉书·刑法志》中就有"刑法"一词，其所包含的内容基本属于刑事法律的范畴。这表明刑法的概念起源于古代社会。这些明确的概念反映了当时的法律人已经在逻辑上开始划分相应的法律类别，只是局限于已经归纳的类别方面，对于尚未归纳的类别，可能没有创造出相应的概念。例如，在古代社会，"行政"这个概念并没有被明确提出，宪政、经济法、社会法的概念也未被明确提出。但是，未被明确提出不等于相关现象在古代的法律中就不存在。例如，古代法典中就有关于国家机关权力与职责的法律规范，古代社会法典中就有关于资源管制、质量管理等的法律规范，也存在扶贫济困等社会法律规范。因此，从理论上厘清法律部门（或部门法）这个概念至关重要。

最先要确定的是法律部门的概念，这是学习中国法理学的学生们的首要任务。当代中国最著名的法律史学家张晋藩先生深刻地揭示了掌握这个概念的要领——把法律部门与法律编纂形式区分开来，否则，就会造成认知混乱，引起无休止的争辩。张先生在 1997 年出版的《中国法律的传统与近代的转型》一书中指出，"法典的体例与法律体系是完全不同的概念，二者不能混淆，也不容混淆，否则便会产生以此代彼、以此为彼的误解。那种从中国古代代表性的法典的体例与结构出发，断言中国古代只有刑法，没有民法，无疑是混淆了法律体系与法典体例两个不同概念所致"。[1]

在今天的法学教育中，概念的混淆经常让人哭笑不得。之所以难以心平气和地进行学术争辩，是因为一个在讲法典的体例，另一个却在讲法律体系或法律部门。争辩者经常公说公有理，婆说婆有理。

确立了法律部门的概念，学术的起点就清晰了。

有一个法史学疑问首先应当澄清。李祖荫为介绍中华书局 1959 年出版的梅因的《古代法》一书所作的《小引》中云，梅因在他的著作中有这样的错误论调：一个国家文化程度的高低，看他的民法和刑法的比例就能知道。大凡半开化的国家，民法少而刑法多；进化的国家，民法多而刑法少。他这几句话被资产阶级学者奉为至理名言。日本有的资产阶级法学家更是据此，说中国古代只有刑法而没有民法，是一个半开化的、文化落后的国家。事实上，古代法律大抵都是诸法合体，并没有什么民法、刑法的分别，中国古代是这样，外国古代也是这样。在梅因的这段话中我们首先能够看到，不管他用什么样的词语，他本人并没有说绝对的话，只是说民法多与少的问题，说明他认可在古代的社会中存在民法与刑法法律部门。有人曲解他的意思，说中国古代没有民法，那是别有用心，想贬低中华文化的地位。因此可以断

---

1. 张晋藩：《中国法律的传统与近代的转型》，法律出版社，1997 年版，第 311 页。

定，梅因在 1861 年就谈到了法律部门的问题，而且很清晰。

孟德斯鸠在 1748 年出版的《论法的精神》第二十六章《法与它所规定的事物秩序的关系》第一节 "本章总体思想" 中，谈到了法律的类别，但不是今天所说的部门法分类。在第六章中，他明确提出了民法、刑法的概念，说明在 1804 年《法国民法典》出台之前，很多传统部门法的概念已经非常盛行了，只是立法界还没有提出 "部门法" 或 "法律部门" 的概念。[1]

由朱寿朋编的《东华续录》，1908 年由上海集成图书公司出版，1958 年由中华书局重新出版并改名为《光绪朝东华录》，其中记载：1907 年（清光绪三十三年）民政部奏文云："中国律例，民刑不分……历代律文户婚诸条，实近民法。" 这表明 1907 年我国就开始提出 "民刑不分" 的观点了。《政法论坛》2001 年第 3 期发表的《中国古代的法律体系与法典体例》一文云：20 世纪 30 年代以来，法律史学者在总结传统的中华法系的特点时，提出了 "诸法合体，民刑不分" 的观点一说，并不确切，从梅因到日本学者再到清末官员，最后才是民国法律史学者。

根据梅因的观点，笔者仔细查看了拿破仑五法典，发现当时的学者与立法者很清晰地将法典编纂形式与法律体系（法律部门）很好地结合在一起，这只是体现在法典的名称中，并未在相关学术著作中留下痕迹。

20 世纪三四十年代著名学者陈顾远发表了《天道观念与中国固有法系之关系》《儒家思想与中国固有法系之关系》《家族制度与中国固有法系之关系》等论文，对中华法系 "民刑不分" 的观点进行批驳，并在 20 世纪 60 年代末的《中国文化与中国法系》一书中，再次对 "民刑不分" 的观点进行批驳。但是，这些观点都被束之高阁。

改革开放初期，"民刑不分" 的观点仍然十分盛行，主流的法制史教材大多持此观点。陈鹏生、蔡瑞毓于 1982 年 5 月 1 日在《法学》上发表的《第五讲 中国古代法制史的几个问题（二）》做出了 "诸法合一，民刑不

---

1. 孟德斯鸠：《论法的精神》，商务印书馆，2012 年版，第 89、562 页。

分"的表述。

1983 年在西安召开的中国法制史第一届年会上，张晋藩先生提出了"诸法并存，民刑有分"的观点，开始挑战盛行的"诸法合体，民刑不分"的观点，并在 1988 年的论文《再论中华法系的若干问题》中指出，"民刑不分，诸法合体，就主要法典的编纂形式而言，是一个特点，也有它的客观根据……但就封建法律体系而言，确是由刑法、民法、诉讼法、行政法、经济法等各种法律部门所构成的，是诸法并用，民刑有分的"。[1]

实际上，仔细思考"诸法合体"这句话也可以看出，"诸法"应该指的就是各个法律部门，"合体"指的就是编纂形式，否则就无法解释"诸法"二字了。

虽然法律部门的存在与法律一样古老，各法律部门的名称也随着历史的发展逐一出现，但是法律部门概念的提出并不久远。

目前，很难找到拿破仑时代就有法律部门概念的明确依据，1755 年摩莱里提出"经济法"概念的时候，也没有"法律部门"的概念。

"1938 年至 1940 年，M.A. 阿尔扎诺夫首先提出，法律所调整的社会关系是划分法律部门的标准，并得到了法学界较为一致的赞同。但五十年代中期以后，有些人提出法律调整方法也是划分法律部门的标准。"[2] 根据这段文字推断，阿尔扎诺夫不是第一个提出法律部门概念的人，但是至少在 1938 年到 1940 年间，法律部门概念已经被明确使用了。

梅因在 1861 年出版的《古代法》第二章《法律上的拟制》中指出："因此，需要想明白一个新的难题，即已然生效的新规范是应当处于原地，还是应当分置于它真正所归属的法律部门。"[3] 这是笔者目前能发现的最早提出法律部门概念的资料。

---

1. 张晋藩：《法史鉴略》，群众出版社，1988 年版，第 45—62 页。
2. 南振华：《法律部门划分标准探源》，《甘肃政法学院学报》，1986 年第 2 期：8—10。
3. 梅因：《古代法》，郭亮译，法律出版社，2016 年版，第 15 页。

据笔者考证，古代中国法律"诸法合体"观点的提出应是在晚清。"盖东西诸国法律皆分类编订。中国各项法律为一编，是以参伍错综，委曲繁重"，[1]人们将其归纳为"诸法合体"。

## 二、法律部门理论的复杂性

法学理论博大精深，源远流长，涉及的范围很广泛。法律部门的分类理论是重要的基础理论，体现了人类法律的基本逻辑结构，概括了政治国家与市民社会二元结构观念下法律的基本分类，是法学理论的重大创造。它从内生的社会性自然将行为定义为不同种类，以满足管理统治的需要。

公法与私法都是国家意志的体现，因为法律全部由政治国家制定，可能是创制的，也可能是对社会习惯的认可与接受，但无论如何，都体现了国家的意志。这种理论固然存在抽象性，但是逻辑性很强，如果曲解，则会破坏理论的价值。

法律在演化中最早表现为诸法合体，然后根据社会需要，逐渐有了较为集中的同性质法律规范的立法，也出现了为某种具体的政治、经济目标而进行的专门化立法。出现这种现象，我们可以考虑将整部法典或法律划归某一个法律部门，其中可能包含多种性质的法律规范。将法典或法律与法律部门混淆为一个概念，是将形式与本质混在一起了，这导致有人怀疑法律部门理论是伪科学，甚至提出用"法域"取代法律部门概念。

古代社会，在诸法合体的情况下，一部法典包括很多法律部门的法律规范，后来逐渐出现了一些专门化的法典或法律法规，如民法典、商法典等，其以某一个法律部门的法律规范为主，兼有其他法律部门的法律规范，如民法典中有行政登记法律规范、商法典中有行政登记法律规范等。

后来又出现了为某一个社会或经济目标而制定的法律或法典，里面可能

---

1. 李贵连：《沈家本传》，广西师范大学出版社，2017 年版，第 369 页。

包含民事、商事、行政或刑事法律规范等。这时候，确定这个法律或法典的部门属性的根据应该是立法目标。

在管控社会或市场行为时，需要依靠国家的力量，而不是仅依靠私人的力量，因此，近现代经济法或社会法就出现了，其与古代经济法在形式上存在巨大差别。

把一部法律或法典归入某一个法律部门的做法是妥当的，也是一种法治上的创举。即使在古代诸法合体的情况下，也存在一些单行的命令或规定，将其归入某一个法律部门，逻辑上也讲得通。从拿破仑五法典开始，专门化立法的法典将大量同质的法律规范更加精细地放置在一起，使法典的外形与法律部门的内质更加接近并不断统一。这种表里如一的法律逻辑结构是法律近现代化变革的结果，是法律进化的成就，是人类立法经验大踏步前进的标志。

将一部法律或法典归入某一个法律部门并不代表其中只包含完全同质的法律规范，也可能包含其他性质的法律规范，关键是这部法律或法典作为一个同质单元，有其整体逻辑属性。这也是人类社会法律高度专业化的体现，与近代以来社会文明的高速进步相对应。古代的法律逻辑结构与理论体系已无法满足这一进步，所以只能开创新的法律逻辑结构与理论体系。大量的专门化立法就是在这种背景下出现的，经济法也是。现代德国法学家们将一系列法律直接命名为经济法，就是现代经济法顺应时代潮流而演变出来的新形式，其与古代经济法形式差别非常大。古代经济法基本上以经济法律规范的形式分散存在，但是近现代社会，一些国家，尤其是德国、美国，出现了专门化的经济法。

整部法律被定性为经济法，这是法律史上的一个巨变，既是现代社会法学家们对法律部门概念的一次重新认识，也迎合了法律部门概念在现代社会中的演变需要。

法律部门体现法律体系的内在逻辑结构。如公法与私法的划分，是由人类社会个人存在与社会存在的现实属性决定的，这是永久的法哲学原理。将公法与私法划分为更具体的法律部门，这是一种法学理论，也是人们认识法律的工具。

在近代社会，法典开始了大规模分门别类的创制后，人们将专业分工的思想清晰地呈现在法典创制上。很多人在认识这一问题时产生了误解，将法律部门和法典完全对应起来。殊不知，民商法典中也存在行政法律规范或社会法律规范等，不能将这种对应绝对化。可以规模化地将民商事或刑事、经济、民事法律规范集中在一部法典中，以适应社会经济进步的需要。

进入现代社会，有很多专门立法融合了多部门的法律规范，可以依据其立法目标将其归属于社会法、经济法、行政法等，但这只是一种逻辑认识的方法，不具有属性唯一的对应性。有一些综合性立法可能归到哪一个部门都不妥，那就从法理上创造一个归类方法，不让法律部门理论在时代发展中陷入困境。这就需要法学专业的人去研究，去开拓。

在古代社会，划分法律部门时主要以法律规范作为基本单元。进入近代社会之后，法典或单独的立法出现，划分法律部门时需要考虑整体立法的功能属性。这在近现代社会中显得特别迫切。完全按照法律规范来划分法律部门已经很难适应现实的需要。人们逐渐习惯性地将一部法典或一部法律划入某一个法律部门，但是不否认在这部法典或法律中存在其他法律部门的法律规范。只按照法律规范来划分法律部门的逻辑被实际需要所改变，因此出现了逻辑上的混淆。有时人们要严格按照法律规范来划分法律部门，有时人们又要按照功能把某一部法典或法律划入某一个法律部门，这样就出现了两个标准，一个以纯客观的法律规范的性质为基础，另一个以法典或法律的功能属性为基础。前者容易解释清楚古代的情况，后者容易说明近现代的情况，这是法的时代性特征导致的，应正视这一现实，承认法律部门理论在古代和近现代的时代更迭中形成了各自不同的理论基础。时代变迁导致的法律性质、结构的变化，需要用新的理论加以解释，这样就与时俱进了。

法律部门是一个法律逻辑结构方面的概念，其本质属性决定了它伴随着法律的产生而产生。法律规范作为法律部门组成的最基本的单元，其本质属性决定了众多同质的法律规范可以组成同一个法律部门。但是后来人们对法律部门概念的理解复杂化了。逻辑上产生了障碍，就需要从逻辑上正本清源，厘清法律部门的概念。

## 三、概念的误区解读

最常见的概念误区就是将法典形式与法律部门的内涵混淆了。

例如，南振华在《法律部门划分标准探源》一文中写道："法律部门的划分以法典为标志，始创于大陆法系。它是继承罗马法的传统而形成的。当时，大陆法系对法律部门的划分并不严格，大致以法律所调整的社会关系的主体为标志，将整个法律规范划分为公法和私法两大部门。"[1]

这就有将法典形式与法律部门混淆的嫌疑。罗马法确实将法律部门划分为公法与私法，但是并未出现《公法典》与《私法典》。最著名的《查士丁尼民法大全》也并非都是私法，其中的《查士丁尼新律》就是公法，其主要内容属于行政法，在所保留的奴隶法中，严格规定了奴隶与隶农必须无条件地服从他的主人，对不服从者处以重罚乃至死刑，有大量的刑事法律条款。公法、私法、民法的概念出现了，人们在认识上进了一步，概括出了法律部门的一些基本概念。因此，将法典形式与法律部门混淆是不可取的。

将一部法典、法律或单行法规机械地归于某一个法律部门的做法也是不可取的。例如，我国《民法典》中就有很多行政法律规范，如有涉及行政登记的规定。再如，我国《反垄断法》包括了经济、民事、行政和刑事等法律规范。

法典形式与法律部门的概念之间确实存在交织使用的情况，但是要从根

---

1. 南振华：《法律部门划分标准探源》，《甘肃政法学院学报》，1986年第2期：8—10。

本上区分开来。一部法律法规被划分到某一个法律部门并不代表它完全就是一种性质的法律规范。这就可以解释为什么财税法既可以在行政法领域研究，也可以在经济法领域研究。法律的各个学科之间是存在交叉的，但这并不能否认法律部门的存在，它们的法理有很大的差别。

厘清法典形式与法律部门的含义是法学理论的第一要务。有些从事法律实务工作的人认为研究这种问题没有什么意义，因为在实践中，这些所谓的理论没有什么用途，法律体系根据实际需要分类就好了。比如，在实践中可以根据需要分出金融法、财税法、企业法、劳动法、环境法等，不需要更复杂的分类。殊不知这只是实用主义者的想法。法律部门的理论从一出现就带有它的深奥之处，它从根本上划分了法的体系，从人的社会性出发，将公与私、国家与社会的关系按照实际需要进行了划分，是法学最基本的理论。虽然这种理论在现代才被明确地提炼出来，但是它可以在任何一个时代的法律中得到印证。

# 第二节　经济法部门

## 一、经济法部门的法理

法律体系划分的基本标准是社会关系或保护方法，经济法部门的定位属于社会关系。

考察人类社会各个阶段的经济模式，焦点放在经济如何组织和运行上，从中厘清法律的作用，看法律如何体现国家的意志和发挥国家机器的功能，这就是如何体现法律的形式与本质的关系问题，也能反映法律部门的逻辑概念与法律形式的时代对应关系。在以手工、自然动力为基础的经济时代，农业是主力，法律呈现综合化、简单化的特征。进入蒸汽动力为基础的经济时代，蒸汽动力源工业与科学技术是主力，法律呈现规模化、专业化的特征。进入电气动力为基础的经济时代，电气动力源工业与科学技术是主力，垄断企业出现，法典呈现深度专门化特点，国家通过法律深度介入经济成为现实，包括反垄断法等现代经济法大量产生。进入信息经济时代，信息技术与方法成为经济交易结构的依托，法典与法律需要对信息技术原理进行界定，需要对信息技术与方法进行深入、细致的规范，国家在前述法律结构原理的基础上，必须结合现代信息技术的特点对原有法律概念、原理进行深入的、有针对性的规范，否则就会无法可依。

例如，在西方历史发展的几个重要阶段，都可以找到相应的法律支撑，其中就包含着经济法。

（1）古罗马的强大与罗马法的产生息息相关。由于古罗马创制了发达的私法制度，成就了发达的交易机制，所以经济量大增，国力昌盛，造就了古罗马帝国的辉煌。

（2）英国1624年颁布了垄断法令，确立了专利权制度，在传统权利之外创制了智力成果的财产权制度，使得英国发生了以蒸汽机为代表的工业革命。

（3）由于工业革命的影响和自由市场机制的广泛、深入推行，在蒸汽工业革命基础上出现了以美国为代表的电气工业革命，加上股份公司制度的广泛使用，巨型经济体诞生，竞争过度激烈，1890年《谢尔曼法》出台了，美国开始用法律深度干预经济。

（4）信息技术引发的技术革命带来了信息经济时代，数字经济即其中的一部分，是当前的主流、支柱经济，数字化立法、网络安全法等重要法律逐渐出台。

在参加一次小型学术会议时，一封信（钱学森先生回复朱嘉明先生的信，写于1984年6月7日，发表于1985年《百科知识》第1期）的宣读引起了笔者的兴致。钱学森先生将《国民经济结构学浅议》改为《国家经济结构学浅议》，这与笔者对经济法性质的思考是一致的。学术界一般是从法典角度来认识经济法的，西方世界更是把经济法作为私法的补充，导致经济法被边缘化，这是因为思考的出发点就存在问题。国家、政治经济、国民经济这些概念出现得较晚，但是它们所展现的现象是自国家产生以来就有的，绝不能因为古人没有明确提出这些概念就否认这种客观存在。必须客观地把国家力量的存在表述出来，深入经济、社会各个方面去展现，这样才能真正认识经济法部门的性质，把社会客观存在与法学理论有机结合起来。

笔者在《经济法风云录——现代经济法历史和逻辑考察》一书中详细考察了现代经济法的逻辑和历史渊源，指出社会主义思想是现代经济法的理论来源之一。西方人创造的市场经济概念最早建立在极端个人主义和自由主义哲学之上，对激发人的竞争力的确效果非凡，但是却把人类拖入拜金主义、极端个人主义和自由主义、无政府主义的深渊，将政治国家与市民社会理论与观念极端化，而社会主义理论就是要纠正它、改变它。

本书不再局限于现代经济法，而是放眼经济法的本质与全貌，抛开形式主义的障眼物，进入国家与法的深层次中去探索，把国家经济的各种形态展示出来，并对应进行相关的法律研究。

## 二、经济法的部门概念解读

经济法的概念是在近代提出的，成熟于现代社会，就像法律部门的概念一样。从法律体系、法律部门的概念角度理解经济法的概念需要先了解这一点。经济法的本质是国家经济利益与经济权力的法律体现，体现的是一种"公"。无论这个概念何时被提出，它在历朝历代代表的都是一种公共利益。

部门法的概念与思想在历史上是逐步发展出来的。从古罗马的《查士丁尼民法大全》中可以看到民法部门的结集和民法的表达形式。从中世纪欧洲的商人法中可以清晰地看到商法的表现形式。宪政出现后，宪法开始颁布，宪法部门非常清晰地表现在制定法中。行政从政治中分离出来后，专门的行政法开始出现，行政法部门清晰地表现在制定法中。刑法、诉讼法也均类似于此。这是从古代社会到近代社会转型时法律从形式上发生的巨大变化，这是将公私法二分展现的法律形式的演化过程。现代经济法的产生，打破了二分法划分标准，直接产生了规范经济行为的系统化立法。从法律形式的变化可以研究经济法作为部门法的演化规律。

虽然部门法与法典不是一回事，但是它们存在密切的关联，容易让人混淆。从《法国民法典》开始，一系列法典结集了众多的同类部门法律规范，使法律部门现象与法典的形式出现了交叉，让很多人觉得法律部门就是法典，法典就是法律部门。后来很多国家又出现了专门化的经济立法，给这个问题又带来了新的疑问。人们已经习惯于将一部法典归类到一个法律部门中，如民法典，即使其中包含着行政法律规范，也仍然如此。这说明法典的形式归到部门法的观念是可以接受的，而且约定俗成了。那么众多的专门化经济立法也可以考虑如此定位。

近现代出现的很多专门化经济立法往往出于一个明确的经济管理目标，即使其中包含其他部门法律规范，也仍然可以划归到经济法部门中，只要其符合经济法的部门属性。这就解决了法典形式与法律部门不是一回事的逻辑矛盾，即法律部门从本质上讲是同类法律规范的集合体。但随着时代的发展，可以考虑从形式上将一部法典或法律法规归到一个法律部门中，从而使人类对法律的新单元划分与原有的基础法律逻辑结合起来，便于更好地掌握法律体系和其内部结构。这是知识体系建设与方法创新的需要，更是时代发展的需要。

法律的专业化发展程度越来越高，体系也日渐庞杂，需要用新的方法去把控。政权、社会、经济这些范畴不能被割裂开来孤立地去进行研究，否则就会得出形而上学的结论。

法律作为一种社会历史现象，有其独特的个性，有其专门化的表现形式，在其中可以看到国家与社会的存在方式。法律部门的划分就是对这种存在方式最生动、最具体的划分。

商法结集成典是自由主义获得国家认可的时代表现。大量的市场经济实用制度与惯例被法律认可，从惯例上升到法律，将私人意志上升为国家意志，这是典型的私法性质体现。然而经济法要体现私人意志惯例、制度以外的国家意志，组织、协调、管理、限制私人的经济行为。这就使经济立法具备了明确的经济管理目标。

# 第二章　经济法历史论

## 第一节　经济法的发展阶段

### 一、部门法理论与经济法的划分标准

根据部门法的理论，经济法属于根据特定的经济关系而划分出的法律部门，其本质是国家经济权力的法律化。

国家政权与经济的关系复杂多样，反映在法律上更是如此。经济法不仅能够独立于行政法而存在，而且独具个性。它规定国家与经济的基本关系，确立国家的基本经济制度，反映国家对经济的基本态度，也反映国家对经济的基本影响。不管这种法律是议会颁布的还是最高统治者颁布的，都要体现政权的意志，这是经济法的本质。至于其形式的变化，那只是法的历史时代性的展现，不会影响法的本质。只要有政权存在，法就是政权的体现形式和统治工具。国家首先是一个政治概念，作为一个统治实体，它是由各个部分组成的，法律是其中的一个组成部分。涉及国家收支的，居第一位的是经济法，居第二位的是经济行政法，因为大量的经济法内容需要通过各种具体的行政管理和程序去实现。

国家与经济的关系会直接体现在法律上。

国家承认私人财产权利为国家的基本社会经济制度，承认个人意思自由约定就是法律，承认商事惯例与方法就是法律，这是典型的私法。但法律有时候需要体现的是国家的意志，比如公权力对经济的引导、协调、管理、监督、管制、干预，这些首先表现在税法与财政法上，其次如资源国有化方面，最后如市场交易引导、监督、管理和干预等，种类繁多，内容丰富，时代性明显，从古代社会到近代、现代社会，内容上大量增加，形式上也产生了许多变化。千万不要因为现代经济法形式的创新而否定了古代、近代经济法的存在，更不能抹杀它们之间存在的紧密的历史和逻辑联系。

法律实用主义者容易就法论法，从而陷入形而上学，孤立、片面、单纯地从法律的形式和文字内容上认识法律，殊不知法律是国家政权统治的重要组成部分，它首先是政治统治的工具，其次才是知识、技巧与信仰。如果单纯就法论法，就很难深入法的本质。当政治统治方式发生变化时，法律的形式与内容也会相应发生变化，单纯的法律知识或技术论很难解释这种变化，这就需要系统地研究政治、经济系统发生剧变后，法律形式与内容所发生的相应变化。

经济是一个庞大的系统，涉及无数行业与门类，从表面上看纷繁复杂、杂乱无章，令人眼花缭乱，很难找到统一的规律，但是人们总是根据自己的认知需求，从不同的角度创制、探索符合需要的理论，因此，对经济的认知就有多种方法。例如，西方古典经济学、马克思主义经济学从财富的本质来源角度发现并创制了劳动价值论，西方经济学从资源稀缺角度发现并创制了边际价值论，民法学从财产权和契约角度创制了民法理论，所以经济法学从国家和政府角度创制了经济法理论。

涉及国民经济的问题层出不穷，在不同的时代，不同的统治集团会创制相应的经济法，其核心就是政治经济法，也可以称作国家经济法，即国家为了政治统治和社会公共需要，将掌控或影响市场的举措通过具体的法律规范表达出来。这就是经济法的本质。第一次世界大战以来出现的经济法法律部门，只是现代经济法的一类表现形式。

现代经济法与古代、近代经济法存在形式上的巨大差别，存在统治思想上的明显差异，但是在政治统治的本质上，它们是相通的，都要依靠强力作为后盾，都由国家机器来管理社会与资源，都需要制定法律来维护秩序与公平。

按照这样的理念可以勾画出经济法的基本架构：第一部分涉及国家财富收入与分配的问题，"第一经济"——财税法律制度；第二部分涉及国家经营经济，"第二经济"——国营或国有化的法律制度；第三部分涉及国家借债，"第三经济"——国债类法律制度；第四部分涉及国家货币与金融，"第四经济"——国家货币类法律制度；第五部分为国家对个人、经济组织和市场的影响，因为只有市场竞争秩序稳定了，才能实现长治久安与上述四个经济的任务。第五部分具体包括管理、协调、调控、规制、干预、计划、扶持、控制、监管、引导等法律制度，可以按照行业分类，也可以按照管理要求分类。结合中国学术界目前的研究成果，市场规制类法律与宏观调控类法律都属于第五部分。

无论是古代、近代还是现代，经济法都要体现上述基本内容，只是多与少的问题。这样才能彻底解开经济法概念所蕴含的政治与历史谜团，再结合经济法形式上的时代性与民族性，经济法部门就能被清晰地定义了。

现代经济法也具备以上特点，只是形式更加复杂。自近代专业法律部门不断法典化以来，现代经济法也小范围法典化、专门化了，但无法将其与古代、近代经济法彻底阻断。如果要说经济法只产生于现代社会，尤其是第一次世界大战之后，那也只是就现代经济法而言，绝不可否定古代经济法与近代经济法的存在。

根据以上论述，笔者确定了本书所言经济法的基本内涵，并从此出发去探索不同时代经济法的共性与个性。

## 二、古代经济法论

　　根据张晋藩先生的观点，法律部门问题是一种法律规范属性问题，而不是一种法律形式（如法典）问题，其本质是国家与社会关系的法律反映。法律部门作为一种法律理论现象，存在约定俗成的问题，不能随意改名换姓，而且部门法的概念可以合理地概括当前各国的法律体系，它的实用性是不容置疑的。1999 年张晋藩先生的《中国法制通史》由法律出版社出版，共十卷，体现了其对中国古代法律体系诸法并存、民刑有分的认识。各卷分别撰写了行政法律、民事法律、经济法律、刑事法律、诉讼法律等。其观点充满了开放性、包容性与历史唯物主义思想，将部门法分类思想运用到极致，客观地解释了丰富多彩的古代中国国家与社会关系的法律含义。他将经济法律与民事、商事、行政法律部门做出区分，这与近代、现代经济法思想不谋而合。

　　在夏朝的经济法律规范一节中，张先生指出："限于材料，关于夏朝的经济立法，我们知道的很少。传说在禹的时候，对自然资源保护就有禁例：所谓'禹之禁：春三月，山林不登斧斤，以成草木之长；夏三月，川泽不入网罟，以成鱼鳖之长'。这个禁令可以说是我国古代最早的一项保护自然资源和生态平衡的立法。"[1]这实际上就是国家介入砍伐经济、捕鱼经济，具体如何实施就涉及行政法规的问题。这里规定的是国家利用强制力禁止人们的某些经济行为，以保护资源。

　　还有土地管理方面的立法。据《夏小正》《尔雅》《孟子》《农书》等记载，夏朝要求农民在正月及时修治农田，为春耕做准备。这就是一种干预性的管理规定，督促人们按照自然规律开展农业生产活动。

　　《史记》中还记载了夏朝的赋税制度，包括田赋和贡纳。土地按照质量划分等级，与如今的资源税中的级差税率很像；地方向中央贡纳土特产，有点像我们时代的特产税。

---

1. 张晋藩总主编，蒲坚主编：《中国法制通史》（第一卷），法律出版社，1999 年版，第 110 页。

还有手工业制造方面的立法，对于铜器、玉器、漆器、纺织、造酒、造车等都有具体的规定，包括种类、规格、质量要求等，而且手工业基本实施官营，官府派出官吏管理奴隶进行生产。

此外，还有货币方面的规定。在纪录片《刀币史话》中，从河南偃师二里头遗址中发现了夏代的货币，有海贝，还有青铜贝，生产分量与规格都一致。这说明在夏朝，国家的形态已经非常丰满，确立了基本经济制度，国家参与、管理、协调或干预具体的经济活动，分享社会资源，其职能与现代国家基本无二。这一切都用法律的形式固定下来，并用强制力保障实施，其中可能包含行政法规范、民事法规范或商事法规范，但是经济法规范是显而易见的。广泛而丰富的社会经济领域都能见到国家的身影，这才是历史的本来面目，法律也正是这样反映历史的。我们不能自己创造一个狭义的概念去主观地切割历史，觉得经济法就是垄断资本主义时代才出现的社会现象。

根据史学研究，从夏朝到清朝，中间不管更换了多少朝代，国家的政权结构仍然是暴力性质的，统治集团总是要以国家的名义与经济产生关系。张晋藩先生的《中国法制通史》就将这种思路延续下来，在每一个朝代中都概述了其经济法的发展情况。经济和政治与国家一直都是紧密联系在一起的，它们之间的法律关系只用行政法是无法表述完整的。例如，中国古代划分地方与中央财政收入的体制，古代税种和税类的划定，绝不是仅用行政法规范就可以表述完整的。

战国时魏国的李悝，编纂了中国最早的法律专著《法经》，被认为是开创中国法典编纂时代的代表人物。"魏国在当时可能是人口最为密集的国家，因此，李悝非常重视农业的集约化，通过种植多种主要粮食作物（粟、小麦、麻和大豆）降低农业歉收风险，采用更为精细的耕作技术，并且通过种植桑树和其他非食品作物，以实现对边缘土地的充分利用。"[1] 从魏国推出的

---

1. 万志英：《剑桥中国经济史——古代到 19 世纪》，崔传刚译，中国人民大学出版社，2018 年版，第 55 页。

引导性经济制度中看不出行政法的色彩，但它的确是国家对经济的一种指导、关心，这种国家与经济的关系用民事、商事、行政的法律部门概括均不妥当，它就是一种实实在在的经济法制度属性。"李悝还提倡对粮食价格进行非间接控制，即当粮食丰收价格下跌时，政府应当收购粮食以增加农民收入，而当粮食价格高企时，政府则应当卖出储备，保护城市中的消费者。这种以国家干预来平衡粮食价格震荡的做法，后来成为中华帝国政治经济学的一项基本特征。"[1]这就是现在所称的宏观调控，采用的是市场调节的方法。这项制度也无法用行政法部门来概括。

国外在古代的情况也有类似之处。古希伯来人在公元前 2000 年就有关于国家管理农业生产的法制。"安息年，即希伯来人所有田地每逢七年休耕一年，视为闲田，土地上的自然物任人拾遗。这是一种保持地力的休耕措施，此年不种粮，故不交什一捐。"[2]这种保护土地生产资料的经济制度反映的是国家对自然规律的尊重，用强制力实现。因为休耕一年颗粒无收，所以国家又匹配了免税的激励政策，以达到科学种田的目的。

一提到古罗马，人们马上就会想到罗马法，尤其是以私法为主的《查士丁尼民法大全》，它包含物权制度、民事诉讼制度等。其实，古罗马时期也存在经济法。在奥古斯都罗马帝国时期，城市管理制度成为古罗马国家扶持经济的重要法律制度。城市的行业中普遍存在公会，有商人公会、手工业者公会、船主公会、老兵公会等，还有一些纯宗教的团体和俱乐部型的公会。公会有许可公会和不许可公会两种，前一种是当局授权许可的，具有法人地位，后一种没有得到授权，如果没有威胁到当局，则当局采取不干预的办法来对待。[3]这种公会制度的存在，正是古罗马对待城市经济的态度，有的干预，有

1. 万志英：《剑桥中国经济史——古代到 19 世纪》，崔传刚译，中国人民大学出版社，2018 年版，第 55 页。
2. 由嵘：《外国法制史》，北京大学出版社，1992 年版，第 16 页。
3. 杨俊明：《奥古斯都时期古罗马的城市管理与经济状况》，《湖南师范大学社会科学学报》，2004 年第 4 期。

的放任，既发挥了公会振兴城市经济的作用，又避免公会泛滥危害城市经济。该制度与行政法相关联，因为存在许可授权的行政行为。但是，就允许这种经济制度存在这一点来说，它就是国家管理城市经济的一种法律手段。从竞争法角度来看，这种做法实际上是在支持行业卡特尔。各行各业都被卡特尔垄断，单个的竞争主体就显得势单力薄，难以生存。这是典型的经济法制度。

此外，古罗马也存在税收，但是在《查士丁尼民法大全》中找不到有关税收的规定。一篇研究古罗马税收的文章认为，古罗马没有统一的税则，没有成文的税法，缺乏统一的征税标准，导致赋税过重，尤其是采用了包税制，导致了古罗马的衰落。[1] 这是认可古罗马存在税收经济制度。"如果我们完全按照现代人的观念去观察古罗马的税收，会得出否定的结论，这是我们不愿看到的，研究古罗马人的税要牢记，它是一种类似于现代人的税又不与之完全同一的东西。"[2] 古罗马的第一个直接税是解放奴隶税，根据公元前357年的《关于1/20的解放奴隶税的曼流斯法》确定。第二个直接税是遗赠税，根据公元6世纪的《关于1/20的遗产税的优流斯法》确定。古罗马还有其他直接税与间接税，这说明古罗马存在成文税法，而且税制也很清晰，国家通过这些税收经济制度合法分配了其财富。

通过以上对古代经济法的分析可以发现，经济法作为一个部门法在古代普遍存在，它是真正为经济而存在的法律。在古代，无论是奴隶制还是封建制，专制王权都是国家的代表，甚至是一种"家天下"的状态，"朕即国家"。然而专制王权代表的也是一种公权力，国家与经济的关系也会体现出公与私的内容。这时的经济法就是王权意志的主要代表，全部臣民效忠于王权才是正宗，"君为臣纲"是社会的根本，经济法所保护的国家利益根本上就是君王家天下的利益。这与十七八世纪以来欧洲启蒙思想指导下的政治法律及其理论有鲜明的界限。近代以来很多学者认为，主权国家是近代民族国家形成以后的事，这是一种割断历史的形而上学观点。无论是君主国家还是

---

1. 王三义、雷怡：《公元三世纪罗马帝国赋税苛重之根源》，《天水师范学院学报》，2003年第1期。
2. 徐国栋：《罗马人的税赋》，《现代法学》，2010年第5期。

人民主权国家，都是一种强力机器，摩尔根在《古代社会》中对"政治国家"的定性是很准确的。我国在西汉初期采取休养生息政策，其实就是在营造一种宽松的农业生产经济环境，它为西汉经济的繁荣奠定了基础。也正是这些古代的经济法为社会创造了一个健康、公平的经济环境，才保证了国家的长治久安。

就像西汉一样，2020 年国务院颁布《优化营商环境条例》，2023 年中共中央、国务院出台《关于促进民营经济发展壮大的意见》以及 2024 年 2 月国务院启动《民营经济促进法》立法座谈会，都是致力于创造一个公平、公正、透明的经济竞争环境。

## 三、近代经济法论

自英国的清教徒革命后，英国的君主立宪、议会政治和自由经济代表着人类社会一个崭新时代的开始，世界近代史拉开了序幕。到 1900 年或 1917年，世界进入现代，这期间大致被描述为自由竞争的时代。法律的发展也基本上与此相近，但很难说时间完全重叠。英国的资本主义并不是通过自由竞争发展起来的，而是通过国家立法干预的方式实现的。

随着地理大发现和新航路的开辟，作为航运中心的英国，贸易迅速发展起来，于是需要大量的土地支持资本主义的崛起。但是英国在君主时代就颁布了反圈地法。1593 年，国会废除反圈地法，引起了圈地狂潮。1640 年资产阶级革命爆发后，资产阶级不再反对圈地，从 1688 年起，政府公开支持圈地，这就是历史上著名的"羊吃人"运动。特别是 1688 年以后，英国政府通过大量的立法公开支持圈地，使圈地运动以合法的形式进行，规模更大。政府的公开支持使英国的资本主义迅速崛起。这是一种典型的国家干预行为，并且采用了法律的方式。18 世纪英国还通过了《公有地围圈法》。圈地运动直到 1845 年左右才结束。

　　除支持圈地外，英国还通过立法保护经济。1651 年，克伦威尔政府通过议会颁布了《航海法案》，保护英国本土航海贸易垄断。直到 1854 年，《航海法案》才完全被废除。1810 年，英国禁止蒸汽机和机器出口，违者处以死刑。1815 年，英国颁布了《谷物法》，保护了国内的谷物价格，维护了土地贵族的利益，但损害了工业资产阶级的利益。在 1846 年，《谷物法》被废除了。但是，英国从亚当·斯密开始就极力宣扬放任的自由主义和世界贸易主义，从上述法令中可以看到普世自由贸易欺骗人的一面。德国经济学家弗里德里希·李斯特发现了这一点，"李斯特在他所认为的真正的政治经济学与亚当·斯密及其追随者（英国的和外国的）所倡导的'世界主义'经济学之间划定了明晰的界限，他把国家政策当作世界贸易政策的对立面而极力加以辩护，尽管自从英国采取世界贸易政策以来已经过去将近四十年了，但并没有任何一个其他文明国家实际上接受这一政策"。[1] 李斯特并非反对自由贸易和竞争，但是他认为英国资本主义是在政府支持和干预下成长起来的，羽翼丰满后开始追求自由贸易和政府少干预，并希望其他国家也能与其一道推行普世的自由贸易政策，但是德国当时连国家都尚未统一，不可能经受得住强大的英国的竞争。

　　美国在传承英国自由经济法律体系的同时，吸收了汉密尔顿、李斯特干预主义的法律思想，自由经济的法原理中渗透着贸易保护、产业保护的干预主义，并且一直没有完全消失。

　　李斯特的思想直接影响了美国。"它们直接导致了世界上两个最伟大的国家——德国和美国的商业政策的产生"，[2] 而李斯特的重要思想来源便是美国的联邦党人汉密尔顿——他针对英国的放任主义提出，美国在成立初期应当采用工业保护主义，即"幼稚产业论"，认为英国的工业已经羽翼丰满，

---

1. [德] 弗里德里希·李斯特：《政治经济学的国民体系》，邱伟立译，华夏出版社，2013 年版，序言第 2 页。

2. [德] 弗里德里希·李斯特：《政治经济学的国民体系》，邱伟立译，华夏出版社，2013 年版，序言第 1 页。

而美国的工业刚刚艰难起步，国家应当保护。"汉密尔顿亲撰《关于公共信用的报告》《关于国家银行的报告》及《关于制造业的报告》三份国事报告，前两份报告最终获得通过并成为法案，后一份由于观念过于超前，成为汉密尔顿唯一一份没有被国会通过的报告，但该份报告中发展制造业的前瞻性思想为美国后续发展起到了指引作用。"[1] 前两份报告主要阐述利用国家权力偿还战争债务和发行国债的问题，以及建立股份制营利性的国家银行的问题，即利用国家权力建立财政体制和金融力量，为美国的资本主义服务。

在拨开了自由放任主义的云雾后，可以看到美国工业初期的发展，国家通过干预性的经济法阻止了英国强大的工业资本的冲击，使美国工业在国家羽翼的保护下茁壮成长，并有了当今世界头号的位置。这两份法案是典型的经济法，是国家对经济予以保护、支持和干预的法。

美国还有很多国家干预经济的法律实例。1789 年，美国《联邦宪法》开始实施，第一条第八款明确授予联邦政府统治权力，其中包括经济权力，例如：征税，联邦各州都统一；凭新政府的信用借款；管理和调节各州之间和同印第安部落的商业活动；制定规划条例和破产法；铸造货币，控制本国货币同外国货币的比值，并确定度量衡标准等。在宪法的支持下，美国开始了用国家权力组织土地资源分配的时代，1785 年颁布了《土地法令》，1787 年颁布了《西北土地法令》，1862 年颁布了《宅邸法》，用法律的方式支持公平且有效率地分配土地资源，支持美国资本主义经济制度的实现。[2]

在资本主义发展较早的国家中都发现了这种与经济密切相关的法律，它用民商法的单一解释很难说明白，只能说它反映的是国家与政府对资源的配置形式与方法。这些法律中包含美国最初的社会经济制度，是由国家组织策划形成的，不是自由放任产生的，我们将其归入经济法的范畴。1834 年美

1. 伍山林：《大国崛起的经济思想基础》，《文汇报》，2016 年 6 月 17 日第 W12 版。
2.［美］乔纳森·休斯、路易斯·凯恩：《美国经济史》，杨宇光等译，格致出版社，2013 年版，第 98—102 页。

国国会通过了《货币发行法》，将白银与黄金之间的法定比价定为 16 ∶ 1，确立了稳定的货币基本兑换制度。[1]这个立法明确的就是，不允许货币自由流通，而必须在国家意志的干预下确立价格，以保证币值的基本稳定。今天美国指责中国干预汇率价格，殊不知美国早在 100 多年前就动用立法开始了干预。那些经济法规定正是为了给资本主义的发展创造良好的营商环境。今天回过头去审视历史，发现它们真正起到了那样的作用。今天，我国颁布《优化营商环境条例》也正是此目的。

西方资本主义革命强调天赋人权、民主、法治，以分权为形式，以制衡为目标，用分权制衡的政治法律结构将过去由皇帝、国王统一极端行使的权力，变为立法、司法和行政三权互相制衡，互相协调。其进步之处在于限权理念支持下的政治法律结构互相监督，制衡极端权力，防止权力滥用对社会秩序造成严重破坏。但其缺点是，政府当局权力被分散，想集中形成一个决定难度很大，程序烦琐，过程漫长，在很多重大、紧急、应急问题上效率低下，尤其是被极端化民主思想控制后，严重影响政府行政效率。这在近代社会中已经给西方社会带来了无穷无尽的麻烦与苦恼，甚至将西方国家推到了灭亡的边缘。而近代经济法的作用就是弥补这种不足，在自由行为无法再摆动时，经济法给予了支持。只是在近代社会中由于自由观念盛行，经济法的存在就羞羞答答，国家的功能被巧妙地掩盖在自由经济哲学中。可是，史实告诉我们，自由资本主义最初都是在国家的强力支持下发展并繁荣起来的。

## 四、现代经济法论

世界现代史将 1900 年或 1917 年作为开端，但是现代经济法的思想与制度的发端要早于此，现代经济法的成形与此基本相当。

---

1. ［美］乔纳森·休斯、路易斯·凯恩：《美国经济史》，杨宇光等译，格致出版社，2013 年版，第 426—427 页。

由于近代资本主义掀起了自由商业、工业革命，建立了私人资本主义的政治经济制度，创制了发达的私法体系与实施原则，突出了个人绝对自由的竞争哲学，所以自由资本主义原则的漏洞很早就暴露无遗。早期的空想社会主义者发现了漏洞，并提出了许多解决方案。

1755 年摩莱里创作了《自然法典》，最早提出解决私人资本主义竞争模式中存在的矛盾的法律方案与思想，并最早提出经济法的概念。这并非一种偶然现象，在当时还有其他很多学者也有类似思想，如 17 世纪英国革命时期温斯坦莱著有《自由法》，18 世纪法国马布利著有《论公民的权利和义务》《论立法或法律原则》。1796 年巴贝夫和他的战友们制定了《起义法令》，1843 年德萨米著有《公有法典》等。马克思在读大学时开始学习法律，因此社会主义思想成为现代经济法的重要理论渊源。

学界有人认为，这些只是空想社会主义思想，未必是法律法学思想，可是我们发现，这些用法律形式表达的社会主义思想的作者都是精通法律的人士，例如世界名著《乌托邦》的作者托马斯·莫尔，曾经系统地在大学学习过法律，后来不仅做过律师、议长，还做过大法官，绝对是一个精通法律的人士，其写作社会主义空想作品的法律基础非常扎实。因此，他们提出的概念与原理具备相应的科学性。

在社会主义思想影响下，现代经济法的起源离不开一个重要历史人物——德国的宰相俾斯麦。

据历史资料，俾斯麦执政后不仅认真吸收李斯特的思想，也看到了工人运动的威力，他所代表的利益集团的现实说明他并不喜欢工人运动，但他发现社会主义理论可以帮助化解社会主义运动所带来的威胁。

社会主义者拉萨尔与倍倍尔和俾斯麦的关系非常不一般，这两位都是国家社会主义的代表人物。"在 1863 年至 1864 年冬天的这段时间里，拉萨尔数次拜访俾斯麦，他们两个每次会面都会谈很久。多年后，对自己与拉萨尔的交往，俾斯麦仍津津乐道。他曾在帝国议会上说：'拉萨尔颇具个人魅力，这让我深为其吸引。我认为，拉萨尔称得上是所有与我交往的人中本领最强、最为和气的人，更何况，他志向高远……我们的一次谈话常常需要好几个小时，我总是觉得意犹未尽，对谈话的结束十分痛恨……我想，在他的印象里，我应该是个不错的人，他应该认为我是一个睿智的聆听者。'"[1]拉萨尔是一位社会主义者，而俾斯麦是德皇委任的容克地主和德国资产阶级的代理人，他们之间的密切交往说明俾斯麦的确对社会主义理论产生了浓厚的兴趣。"作为社会党人的拉萨尔使俾斯麦的两个计划都按照他的意志实施，一个是要求给予一亿元的资金扶助生产合作社，另一个则是大规模地创办国有事业。这两个问题和那个普遍选举权问题所包含的道理是相同的，都是要用相同的方法来达到不同的目的。拉萨尔的目的是建立一个新的遵循马克思学说的社会主义国家，俾斯麦的目的是扩展国家权力，用以巩固这个君主国。如今我们回望这件事可以看出来，当时他只不过是对拉萨尔送了他一本有许多新的发展观念的小册子表示感激而已，许多年后俾斯麦对这些方法的评价是：这是一些非常重要且颇有深度的方法。"[2]这段文字清晰地反映了社会主义思想是如何被俾斯麦巧妙吸收并加以利用的，这些思想和措施在封建时代和自由资本主义发展阶段都很少见，公有化经济的思想非常鲜明、系统，深深地吸引了俾斯麦。

倍倍尔与俾斯麦的关系更加亲近。俾斯麦鼓动他的同伴加入了帝国议会，"为他提供机会让他得以推广自身才学的人正是俾斯麦……他在监狱里与李卜克内西相识，李卜克内西的年龄比他大很多。他自这位难友身上学习了他为之奋斗终身的事业的众多基本理论，他为此类事业已然牺牲了自己的自由。李卜克内西和倍倍尔被囚押了两年的时间，倍倍尔因此得到了熟悉马克思理论的机会——李卜克内西在伦敦向马克思学来的"。[3]

1.［德］艾米尔．鲁特维克：《俾斯麦传》，文慧译，湖南人民出版社，2014 年版，第 160—161 页。

2.［德］艾米尔．鲁特维克：《俾斯麦传》，文慧译，湖南人民出版社，2014 年版，第 162—163 页。

3.［德］艾米尔．鲁特维克：《俾斯麦传》，文慧译，湖南人民出版社，2014 年版，第 264 页。

　　俾斯麦对社会主义的热情主要源于其需要摆脱议会的牵制，以实施强力统制，而社会主义者为其提供了系统的思想方法和法律模式。俾斯麦在柏林大学学习的是法律，毕业后获得了律师资格，熟悉法律的有效使用。俾斯麦把国家视为推动经济发展的强大力量，由国家制定政策和法律引导经济运行的方向，如果需要用关税壁垒来保护农业生产，那就修改税法，提高进口农产品关税，如果鼓励出口，或提供出口补贴，不需要了再废止。钢铁行业需要国家注资或国家担保银行贷款，或干脆成立帝国银行，所以颁布银行法，涉及经济领域的事情非常多，这就要根据阶段性发展的需要，根据行业、市场的状况，用立法来决定干预的方式、力度、期限和范围，这就是经济法专门立法在德国产生时表现出的特征。俾斯麦还以法律的方式用国家的力量建立起全世界最早的社会福利制度，为德国的资本主义经济快速发展去除了后顾之忧。

　　俾斯麦的"铁血政策"举世皆知，但是其在工业、银行、土地、税收等方面留下的现代经济法形式却不为人们所知。他实际上打破了自由资本主义时期私法发达的自由竞争法律体系，将更多体现国家力量之法确立下来了。这为德国乃至世界经济法的现代化奠定了基础。

　　这样德国就从国家支持资本主义发展的经济立法发展到后来有了统制经济法、战时经济法，最早有了战时计划经济，"德国的国家战争经济当然不是独一无二的，在所有的参战国家里都有市场隶属于国家政治的类似形式。尽管在德国还留有经济自由主义的残余部分，因为（正如拉特瑙指出的那样）财产国有未能全部得以贯彻落实，而只是普遍实行国家调控，然而国家对经济的干预在大多数参与者看来是'大踏步地向社会主义迈进'。社会主义与国家调控的直接等同即以这样的方式在人们的思想中打下根基"[1]。然后，在20世纪20年代，德国人开始了现代经济法的研究。

---

1.［德］罗伯特·库尔茨：《资本主义黑皮书——自由市场经济的终曲》（下），钱敏汝译，社会科学文献出版社，2003年版，第386页。

德国法学界一批学者相继对德国"一战"前后制定的这类法律进行集中研究，取得了大量成果。比如：鲁姆夫的《经济法和经济法学者》（1920）、卡斯凯尔的《法律和经济》（1921）、阿·努斯鲍姆的《德国新经济法》（1922）、卡伊拉的《新经济法的社会组织理论》（1922）、哥特斯密特的《帝国经济法》（1923）、拉德布鲁赫的《法学导论》（1929）等相继出版，现代经济法在德国逐渐成形。

在美国，汉密尔顿的国家干预论体现了近代经济法在美国的成形，此后一直影响到现代。由于美国推行的国家保护论，自由资本主义经济迅速发展起来，引领了第二次工业革命的浪潮，资本迅速集结，大垄断集团很快掌控了美国社会。

利用国家力量与这些垄断集团进行斗争成为美国的不二选择，1890年《谢尔曼法》应运而生，代表着美国现代经济法的成形。国家对自由资本主义的保护和支持终于到了受限制的时候，这意味着自由竞争时代的终结。私法发达的自由法律体系在美国被撕裂，以专门化法律的形式用国家的力量来干预市场自由竞争成为现代美国法的重要组成部分。美国在《谢尔曼法》颁布后的十几年，并没有运用该法打击任何一个垄断企业。

西奥多·罗斯福上台后，开启了用诉讼的方式打击大垄断企业危害自由竞争行为的时代。西奥多·罗斯福还开启了自然资源立法的新时代，并为保护美国的劳工进行立法，将俾斯麦的政策在一定范围内付诸美国经济，引起了资本家的反对与恐慌。在此之后，美国还在1906年颁布了《联邦食品与药品法》，开始对食品、药品的生产质量进行国家干预。

1929年美国爆发经济危机，信奉自由主义经济学的总统胡佛难以找到解决危机之道，在1932年被富兰克林·罗斯福取代。

富兰克林·罗斯福是西奥多·罗斯福的远房亲戚，他很快继承了老罗斯福的政策与思想，开始了更大规模的国家干预，派出大批使者到苏联取经，学习苏联计划经济取得伟大成就的经验，接受了凯恩斯在信中的劝诫，推行赤字财政与积极的干预政策，颁布了诸如《田纳西河流域管理条例》《紧急银行法》《全国工业复兴法》《证券法》等一系列经济法，将美国的现代经济法逐渐完善起来。无论这些法律是长久的还是临时的，都将美国利用法律的方式干预经济的形式确立下来了。

从近代美国经济法的发展历史来看，此时的干预立法更加专门化、系统化。此后，美国在扶持欧洲复兴、控制互联网泡沫、协调 2008 年金融危机，乃至应对 2020 年新冠疫情，都进行了干预经济的立法，人们也熟悉了这种法律形式。

现代经济法起源于德国和美国，发展到日本、苏联、东欧各国，逐渐传播到全世界。起源的确定至关重要，古代和近代经济法与现代经济法存在基本的界限，而国家、政府与经济的关系自古有之，绝不是到了现代才出现了经济法，张晋藩教授的"诸法合体，民刑有分"的观点是经得起历史与实践检验的。

在现代社会中，经济法的形式表现得更加民主、科学、系统、专业，但是由于国家与经济的关系在不同时代表现不同，所以如何科学地划定一国经济法的范围与描画经济法的结构是一个复杂的知识系统，现代研究经济法的专家们正在致力于此项研究。针对否定经济法部门的观点在此处应当注意了，极其复杂的国家政治经济关系反映在法律中也是极其复杂的，法律部门的整体要反映国家政权结构的整体，只包括行政机构实体与程序的行政法不可能涵盖全部经济关系，很多重要的国家与经济关系的法律规范的远远不是简单的行政问题。民法与商法无论从本质上还是形式上也都无法取代经济法。经济法作为部门法古代就有，近代也有，进入现代社会后又以崭新面貌出现，其基本原理是清晰的，基本概念是准确的，只是表现形式需要依据时代、国家而定。例如，我国的《优化营商环境条例》《中共中央、国务院关于促进民营经济发展壮大的意见》以及《民营经济促进法》与现代经济法原理完全吻合。

现代经济法在古代经济法、近代经济法基础上逐渐形成。皇权或王权至高无上的地位彻底丧失，政治法律的基本形式为分权，民主、法治观念深入人心，资本主义国家经历的极端自由主义和极端分权原则得到修正，国家不干预经济社会的极端原则被摒弃，在遵守立法、司法治国功能的同时，授权政府实施国家资本主义模式或干预市场经济极端自由竞争运作模式，有计划、有目标、有节制、有期限、有范围地对市场经济实施干预、协调、管理、控制或监管成为政治法律结构中的常态。僵化、肤浅地将极端自由主义和刻板的分权思想视为圭臬，严重影响了人们对资本主义的精准认识；极端夸大资本主义法治的功能，也阻碍了人们对现代法特征的总结。"弗里德曼教授对市场经济环境中法治社会的认可从来没有动摇过。他执着地认为，不论这个世界走向何方，一个清楚稳固的事实是：法律和法的运用将一直存在。在社会的每一面，不论高级或低级，所有的冲突、争执、妥协、和解、变动，所有的现代社会都是受法律驾驭的。"[1]

市场经济的法治化是任何社会都要遵循的规律，我国也不例外。因此，我国从党的十四大推行社会主义市场经济体制到党的十八届四中全会确定了社会主义法治的建设目标，就是要达到这样一个了不起的目标。

现代政治法律结构的形成受到社会主义思想、马克思主义哲学、社会主义实践的深刻影响。正是科学社会主义思想启发了垂死挣扎的自由资本主义，使其改良转化为现代资本主义，摆脱了因极端僵化而造成的社会动荡。虽然其不愿意承认这个事实，甚至想彻底毁灭社会主义的存在，但是现代西方政治法律体系中的社会主义思想的痕迹永存，无法被抹杀。有人对马克思主义不以为意，但是不要忘记，曾经有多少仁人志士相信社会主义思想、多少有志青年信仰马克思主义。社会主义思想出现至今五百多年过去了，有无数的追求者逐梦社会主义、共产主义理想。因此，研究现代法律的原理必须

---

1. ［美］劳伦斯·弗里德曼：《二十世纪美国法律史》，周大伟等译，北京大学出版社，2016年版，序言第18页。

结合人类社会最伟大的共产主义思想与运动。

今天，社会主义国家使用的经济法与历史的发展相吻合，资本主义法治创制出的现代经济法又与社会主义市场体制相嵌合，真正符合了历史发展规律。也许在之前很多人没有注意到这样一个法律命题，但是笔者在《经济法风云录——现代经济法历史和逻辑考察》一书中对此进行过详细的考察，有扎实的历史证据作为基础依据。

## 五、辩证唯物地看待当代中国经济法

经济法的概念已经沿用很多年了，其首次出现在中国是20世纪20年代的事情。这么长时间的使用并没有使人们的认识一致，相反，对于经济法的性质的认识，争议还很大。学界外的人搞不清楚经济法到底包括什么，只模模糊糊地认识到，经济法是与经济有关的法律。学界内的人对经济法的研究已是热火朝天，对于很多具体领域的经济法问题的研究已经非常深入，但基础理论仍然显得薄弱，这就需要更有说服力的论证与论据，以不断完善经济法理论。

中国古代的法律及其实施被统一称作"中华法系"。在鸦片战争后，西法东渐，"中华法系"逐渐被冷落，以至于只能在文献中看到。

晚清法律改革家沈家本经历了西法逐渐进入中国的过程，指出"今日修改法律，自应博采东西诸国律法，详加参酌，从速厘定，而仍求合于国家政教大纲，方为妥善办法"，[1] 这说明沈家本看到了法律的形式与本质的关系，法律的形式虽然变了，但本质仍是服务于政权。同时他也看到了西律的严谨、精细、专业，因此，在晚清变法时将西律的基本分类方法引入中国，使中国有了民律、商律、刑律等基本概念。

晚清变法时并无经济法概念，但是洋务运动时某些工业政策的颁布确实

---

1. 李贵连：《沈家本传》，广西师范大学出版社，2017年版，第369页。

属于典型的国家组织经济的行为，虽然没有立法机构通过的基本法案，但那些工业政策应当属于经济法范畴。

据资料考证，我国在 20 世纪 20 年代就介绍过苏俄的经济法思想，如 1927 年《国闻周报》第 4 卷第 43 期载有《苏俄的经济法》（海石译）、《中外经济周刊》第 229 号载有《苏俄之经济法法规》，但此两篇文章都仅限于对苏俄经济立法体系的介绍，具体包括规范私人经济活动的民法与限制国立机关经济活动的特别法规。[1]

新中国成立后，我国开始实施计划经济政策，从中同样可以看到法治与经济法的影子。第一个五年计划（1953—1957 年）早在 1951 年春开始，就由中央人民政府政务院财经委着手试编。1954 年 4 月，中央成立编制五年计划纲要 8 人小组，陈云任组长，开始了全面编制工作。到 1955 年 3 月 31日，中共全国代表会议同意中央委员会提出的第一个五年计划报告。同年 6月，中央对"一五"草案做了适当修改，由国务院通过并提请全国人大一届二次会议审议通过（1955 年 7 月 30 日通过）。从形式上来看，政府提出的计划议案得到专门立法机关的审议，这符合法案的基本形式。不能因为没有看到带有计划法字样的立法而否认这个计划的法律性。这是一种典型的传承于苏联的经济统制法，国家开始组织经济、控制资源、管理市场，与摩莱里在《自然法典》中提出的经济法概念基本一致，这是属于公有制国家的经济法案。在此期间，经济法学说也从苏联和东欧传入中国。

改革开放后，我国开启了经济改革的大潮，经济法首先被纳入国家立法范畴。一系列经济法、民法、商法、行政法、诉讼法以及刑法等在宪法的指挥下不断被推出，经济法的学术思想也逐渐勃兴。我国的国家经济管理与经济的商品化、市场化全方位展开，三资企业法、国营国有企业法、乡镇企业法、集体企业法、竞争类法律、行业管理监管类法律、资源能源类法律、金

1. 李秀清：《苏联经济法理论的演变及其对中国的影响——从 80 年代我国民法经济法之争看苏联的影响》，参见何勤华著：《20 世纪外国经济法的前沿》，法律出版社，2004 年版，第 376 页。

融类法律、财政收支分配类法律等纷纷出台，经济法治的基础逐渐夯实。到2010年，我国宣布初步建立了中国特色社会主义市场经济法律体系，经济法成为这个体系的重要组成部分。

我国的经济法学术力量正在努力为这个庞大的经济法体系梳理统一的逻辑结构，界定与其他法律部门的法域边界。就像1962年捷克斯洛伐克的《经济法典》一样，中国的经济法学者们也正在努力为经济法编制一个完整的纲要。这是统一民族国家政治经济统治的需要，是经济法的需要，也是法治的需要。三权分立的政治法律思想不能因为其在历史上有进步性就将其定为法的本质，法的本质是暴力统治的规则体现，因此它只能是暴力统治的一个组成部分而不是全部，这也是历史的真实面目。经济法从这个意义上说自古有之，张晋藩教授的观点正是在这个意义上坚定地支持了经济法部门的存在。

不同时代的经济法体现的形式不同，近现代出现的分权思想、宪政思想、人民主权思想、社会契约论等都只是推动历史进步的一个重要因素，而不是法的全貌。

经济法的时代性体现出的复杂的政治经济统治方式，使经济法变得非常复杂，要想寻找统一的法理，难度可想而知。例如各国预算法中的预算权，包括我国全国人民代表大会及其常务委员会的预算权，不能被简单列入行政法部门；税法中确定税法的原则、征税范围、征收公式，不能被简单列入行政法部门；消费者保护法、产品质量法中除了有民事责任规定外，还有很多经济规划、管理、监管制度，这些也不能被列入民法、行政法部门。反映国家与经济关系的法律种类很多，有的在宪法中，有的在刑法中，有的在民商法中，有的在行政法、国际法中，还有很多在经济法、社会法中，这种法律部门分类符合大陆法系的传统，也是一种约定俗成的惯例。尽管法律部门清晰划分内容与概念是近现代才逐渐完成的事情，但是它所涵盖的内容并非限于近现代。社会主义国家有经济法，资本主义国家也有经济法，古代社会也存在经济法，这是从国家与市场关系的本质来讲的，至于形式上的差别那只是时代性不同而已。

再以当代的一部法规为例。进入新时代，中共十八届四中全会将法治定为政治主题，从司法体制改革、反腐败、全面从严治党等角度开启了中国法治建设的新征程。正是在这种背景下，《优化营商环境条例》于 2019 年 10 月 22 日颁布，2020 年 1 月 1 日开始实施。这是当代中国的一部重要法规。这是中国首次以行政法规的形式，专门针对优化营商环境制定的综合性法规，旨在通过法治化手段，推动政府职能转变，减少行政审批，降低市场准入门槛，保护市场主体合法权益，促进公平竞争，激发市场活力和社会创造力。

## 六、本书的历史论小结

本书从张晋藩先生的"诸法合体，民刑有分"观点入手，借鉴其研究成果为经济法基础理论做支撑。张晋藩先生认为法律部门在中国古代立法中就存在，"必须明确中国古代法律体系是由若干部门法，如刑法、民法、行政法、诉讼法等所构成的，是诸法并存的，也是民刑有分的。至于一部法典所采取的体例，或者是混合编纂，即所谓诸法合体，民刑不分，或者是单独编纂，那是立法技术问题，是特定时代立法者的选择，当然这种选择也受到法律调整的需要和时代的制约"。[1] 这个观点可谓一声惊雷。《政法论坛》2001年第 3 期发表的《中国古代的法律体系与法典体例》一文说，20 世纪 30 年代以来，法律史学者在总结传统的中华法系的特点时，提出了"诸法合体，民刑不分"的观点，影响了半个世纪，而张晋藩先生的观点却提出了新思路、新观点。从字面上来分析可以发现，"诸法"承认了存在若干个法律部门，"合体"是指编纂在一起；"民刑不分"也是指编纂在一起，而不是像近

---

1. 张晋藩：《法史人生》，法律出版社，2015 年版，第 151 页。

代西方法典一样按部门法性质分别制定法典，而"民刑有分"指的是统一的法典中包含着不同性质的法律规范，张先生的理解非常准确、深刻。这一观点目前也被国际学术界广泛认可。笔者通过上述的字面分析也发现的确是这样。重述张先生的学术观点是想特别突出这种思想的伟大魅力与强大的逻辑力。希望各个法律学科重视这一学术思想的基础性作用。

那么，该如何看待学术界很多人认为经济法只是 19 世纪末期垄断资本主义时期才出现的法律部门的这一观点？有力的证据就是 1890 年美国的《谢尔曼法》，或者是德国"一战"时的战时经济法，毕竟那时候才出现了经济法的概念。这又是怎么回事？笔者认为，这只是现代经济法的出现，采用了现代立法的形式，无法否认古代也存在反垄断的法律现象，更无法否认古代战时存在经济法。

法律与国家同脉，人类社会历史被划分为古代、近代和现代，经济法自然也可以，只是如何划分才合理是一个智慧的问题，需要勤勉地思考研究。在近代私法体系、法典发达的时期，近代经济法当然也存在，例如德国 1834 年的《铁路法》，英国 1815 年的《谷物法》、1865 年的《红旗法案》（铁路机车法）等，这些实例信手拈来，都可以说明它们的经济法性质。

这样就可以深入到经济法的性质问题中去了。法律部门的分类反映了人类社会对国家与社会关系的深刻认识，是现代人的智力成果再回溯到过去，用这样的方式认识问题更加科学、合理。过去这些现象是存在的，只是当时的人没有现代人这样深刻、系统、明晰、科学的概念与思维经验。

经济法学界对经济法的性质研究可谓广泛而深入。在摩莱里、德萨米时代提出的经济法表达的是一种国家组织经济、分配经济的思想，去除自由化市场竞争；德国出现过战时经济法论，主要表明战时出现的经济统制法与普通公私法不同；美国出现过反垄断经济法、危机经济法，学术界认为那是经济法的一种重要表现形式；日本出现过以禁止垄断法为核心的经济法，但也有广泛的政府干预经济法，包括产业政策法、市场监管法等；苏联、东欧出现了计划经济体制下的经济法论，认为国营化、由国家组织、管理经济是社会主义经济法的本质。

无论东方还是西方，无论资本主义还是社会主义，都离不开法律。国家、政府对经济的态度、介入方法可能有所不同，但是其追求创造更多财富以享用的政治目标是一样的。国家不可能完全将经济持久地组织、控制起来，即使是在计划经济发达时期的苏联、东欧，自由的商品交换现象仍然存在。在自由盛行的十八九世纪的欧美资本主义国家中，国家组织经济、干预经济的现象也是存在的，国家不介入经济的完全自由竞争是不存在的。因此，经济法的性质也就很清晰了，至于采用何种法律形式，那只是形式的问题而已。

古代的经济法由王权或皇权机构制定，近代的经济法由议会专门立法机构制定，现代的经济法也由议会机构制定，在立法的范围内，行政机构也可能颁布法律实施的细则或条令。只看到西方近代以来的法治发展而忽略了古代社会几千年的发展成就，那是历史虚无主义。

经济法在每一个时代可能会表现出不同的法律形式，但是其本质都是相同的，即通过部分法律来确立国家、政府与资源配置、市场的关系。虽然法律形式多种多样，但是这种关系是长存的，只要国家、法律存在，这种关系就必然存在。

# 第二节  古今经济法之差别探究

## 一、研究的起点

虽然经济法已被广泛认可为一个独立法律部门，但是理论界对其争议仍然很大。法律部门的概念实际上是对法律体系内部结构分析最为深刻的一种思想，是依照行为规范的社会属性进行的归类。法律体系从形式上看种类很多，但法律部门的划分思想最终成为一种"显学"。

根据张晋藩先生的观点，法律部门在古代的法律体系中就客观存在，所谓"诸法合体"，只是其外在法律形式，"民刑有分"才是法律部门的真实体现。他指出，"中国古代，不仅夏、商、周三代，一直到清王朝，法律体系基本是'诸法合体'的。但应注意的是，中国古代法律不独只是'律'一种形式，还有令、比、格、科、程式、章程、例等等，各种形式自有其不同的侧重内容。即便是以刑为主的律，用现代法理学方法分类，也涉及到了民法、行政法、军事法、婚姻法、经济法、诉讼法等方面的内容"。[1]

古代法是王权或皇权意志的体现，是单方面管理社会或规范社会秩序的规则，由于对王权或皇权缺乏制约，所以在王权或皇权破坏社会秩序时，法律就失去制衡力了。王权或皇权是国家权力的核心体现，法律形成的制衡力极其微弱。人类社会制定规章制度由来已久，但是规章制度是否能得到良好的实施是法治的重要表现。从古印度、古希伯来、古希腊、古罗马、古代中国的法律中都可以清晰地看到这类法律制度。公元前1762年的《汉谟拉比法典》的制定者汉谟拉比说："当马都克命我统治万民并使国家获得福祉之时，使我公道与正义流传国境，并为人民造福，自今而后，依照法律管理国家。"[2]从王权社会的权本位、官本位、长官意志到资本主义社会的钱本位、法治、民选权力机构，国家与政府的本质未变，但形式发生了巨大变化，其中反映的是人性不断得到解放，尊严不断得到尊重，国家机器的公共职能不断增加，思想的革新推进了社会制度的不断开明，为更多普通民众提供权利保障与政治地位，人类逐渐迈入现代化。

实际上，古代与近代都存在经济法，只是其法律的形式与现代有所不同。"虽然主要是关注城市市场（尤其是北宋首都开封）对铁制品的需求，郝若贝也不忘强调宋朝的贡献——正是其所创造的和平内部环境、稳定的

---

1. 张晋藩总主编，蒲坚主编：《中国法制通史》（第一卷）法律出版社，1999年版，绪言，第9页。
2. 由嵘：《外国法制史》，北京大学出版社，1992年版，第26页。

货币制度、交通设施以及可预测的经济政策，降低了风险，促进了私人投资"，[1] 这是西方学者对宋朝涉及经济的法律政策的描述，法律与国家密不可分。古代国家将盐、铁业官营化的时候，应该承认这是公有制的一种早期形式。古代的行会垄断、颁布税收法令、打击囤积居奇，就是在用法律的手段处理经济问题，是国家对经济问题的多方位、多角度的法律介入或政治介入，而绝不仅仅是行政介入。只是"至中世纪末期，古代希腊罗马的自然法学说得到复兴，并迅速影响到各国的学术界，成为一种新型的法学世界观（法学观）。这种法学观强调民事权利主体的平等，强调私有财产所有权神圣，强调契约自由，强调法的公正性和权威性"，[2] 这种认识论让很多人无法看到在资本主义自由竞争发展期国家的作用，以为有了私法才有资本主义的兴盛，实际上私法也是国家管理社会经济的一种统治手段，国家用发达的私法和威严的法院裁判体制解决社会经济问题。

　　厘清经济法的基本历史和逻辑点，就找到了现代经济法的起源，明白了经济法作为部门法在古代和近代都存在的道理，下一步就可以深入剖析现代经济法与近代、古代的区别，然后以此思想为基础，研究现代经济法部门的法律产生的现代背景以及这些法律转变为现代经济法之前，在古代、近代的形态。这是研究的起点，也确定了下一步深入研究的框架。

## 二、差别的表现

　　近现代以来，人们总倾向于从一维角度概括经济法的性质，提出很多学说。仔细研究发现，这些学说在自己的立场上都合理，如经济管理说、经济协作说、经济协调说、纵横统一说、国家干预说、纵横经济法说、综合经济

---

1. 万志英：《剑桥中国经济史——古代到 19 世纪》，崔传刚译，中国人民大学出版社，2018 年版，第 3 页。

2. 何勤华：《西方法学史纲》，商务印书馆，2016 年版，第 7 页。

法说，[1]都反映了在自由资本主义充分自由竞争的背景下权利被滥用而引发的统一、专门化立法，而这种立法在古代也存在，只不过缺乏如近现代这般的系统性、深入性、专门性这应该是法律进化论的胜利。因此，用国家管理、组织或干预经济的描述甚为妥当，可以描述出经济法的部门性质。以往经济法研究中的分析框架与思路都很有针对性，殊不知经济问题的复杂化使得法律必须有所回应，全面、深刻地认识这种复杂背景下法律的创制过程尤为必要，否则就陷入形而上学的静止观了。

"从历史的角度讲，一直以来经济始终处于非独立状态，也只有到了近代以后，经济才脱离政治保持独立，也才开始反过来决定政治的执行。"[2]经济问题自古有之，只是到了现代社会更为复杂。现代经济法是国家用法律手段处理经济问题的表现，手段非常综合。原来的民商法立法很难包容，因此国家在欧洲传统法典法律体系之外创制了新的特殊法律，专门规定监管机构的地位与职权职责，民事、行政、刑事等的综合法律责任，以及其他更广泛的解决纠纷的方式等。国家意志与私人意志广泛地、固定地被规定在同一部法律之中，成为新的法律结晶体，为新时代的困惑问题提供了专业的法律解决方案。

现代经济法离开其特殊的历史发展背景就无法被准确理解，因此，深入研究文艺复兴以来欧洲资本主义法治的特征和欧洲启蒙运动以来法律思想的变革是必不可少的。只有透彻分析了资本主义法治这个特殊的历史发展阶段，才能对法律部门现象在近现代社会的表现有清晰的认识，才能将古代经济法现象与近现代做出区分。

世界不以任何人的意志为转移而运转着，我们只能从自己的角度去观察其运转。角度不同，平台不一样，所获得的认识也就不同。经常阅读、思考，就会总结出一些角度独特的观察结果。

---

1. 王明权：《中国经济法情报概览》，武汉出版社，1989 年版，第 32 页。

2. ［德］乌维·维瑟尔：《欧洲法律史》，中央编译出版社，2016 年版，第 25 页。

在古代，国家与市场的关系表现为公权力强势，法律的约束力小，农业、手工业、商业虽为支柱产业，但力量弱，公权力干预经济、影响经济的力量大，国家经济力量主要依靠财政税收。近代资本主义商业、工业、金融业等崛起后，资本家阶级取代了封建王权贵族势力，国家成了为资本主义工商业服务的机器，创制了公私分明的法治结构，国家公权力被法律严格限制，包括征税权，工业、商业、金融业、农业等成为资本家自由竞争的空间，国家公权力的随意干预被牢牢限制，私人意志、私有财产保护和自由竞争被广泛推崇、宣扬，成为那个时代的主旋律。但随着自由资本主义泛滥，国家和社会秩序经常崩溃，国家机器却无力回天，资本主义逐步陷入僵局，改革者终于在社会主义理论中找到了解决问题的线索与方法，然后在公私法分明的法治框架中加入了现代经济法和社会法，国家系统运用立法手段干预、协调、管理市场的方法自此产生，这就是现代经济法的起源，也是其产生的背景。

法律的学习与适用是人们生活、生产的一个重要组成部分。法律有其个性与专业性，但是，法律也是政治统治的一部分，如果只看到其专业性的一面而看不到其与政治不可分割的一面，那实际上是在刻意回避和割裂它们之间的真实联系，那样就会导致唯法论，将法律圈在一个机器规则的轨道上，形成片面、孤立、静止的唯心认识观，颠倒对法律的认识。很多人在书房中设计着法治的蓝图，梦想着蓝图中的法律应然之态，却忽略了法律、法治是政治统治的有机组成部分，是历史时代的产物，时过境迁，法律法治在每个时代都有所不同。如果把这些静止化，就会僵化地对待法律法治，这是认识方法上的缺陷。

法治不仅指各种法律制度，也不仅是解读这些制度的知识体系，还有治的问题。这就需要深刻的社会思想来指导对法律的认识。"施穆勒认为近代民族生活的法的限制是必要的，特别是建筑与水运法、工场立法、铁道法、土地征用、租税法等新的、与时代相适应的经济生活限制应该存在。在施穆勒那里，法律和习俗在经济生活中所承担的控制任务，在 1874 年首次促使了合成概念'经济法'的诞生……可惜的是,这种以强力的国家权力为背景的社会政策具体化的经济法和社会法必要的思想没有被深入展开。"[1]这种深刻的思想实际上解释了时代转型时法律体系所发生的变化,只是这种变化在当时及后来没有被重视并大力发展,导致人们对经济法的认识总是模模糊糊的。

## 三、差别产生的原因分析

不能说古代、近代没有经济法部门,只能说经济法部门的独立性是在现代社会才被论证研究,而且现代经济法与古代、近代经济法的表现形式有很多不同。法律部门这个概念就像是约定俗成的,在法律领域已被奉为公理,但有很多认识需要人们去完善。人们没有从概念和理论上发现经济法部门,并不代表它不存在。另外,社会现象的本质定性也存在时代差别,这就需要人们科学地观察、分析经济法现象。

最早出现的以经济法命名的法律体现为国家对经济的统一组织管理,取消了法律上的私人财产权利,这与当时私法发达的社会现实是严重冲突的。因此,它只能被列入空想范畴。随着所有权的社会化、国有化和集体、公有制的发展,这种法律思想被人们用来改造原有的私法和公法,以弥补原来法律体系的不足,应对当前出现的尖锐的社会问题,这样经济法思想便被创造出来,并被明确公布。结合以往社会历史的经验,经济法思想逐渐成形,现代经济法的轮廓和性质便被清晰地描画出来,古代和近代的经济法也逐渐被发掘、整理出来。

现代经济法与古代、近代经济法明显的区别在于其立法的系统性、综合性、针对性特别突出。国家与经济的关系非常复杂,种类多种多样。市场有自由运行的空间,但是当市场运转不灵或者失效时,国家便会运用强制力予

---

1. 张世明:《经济法学理论演变原论》,中国人民大学出版社,2019年版,第17页。

以干预，可能实施监督，可能进行管理，也可能为市场提供统一的指令性计划或者指导性计划。不论干预的方式是强制性的还是指导性的，是直接的还是间接的，都会采取务实的态度付诸实践。国家干预通常与法律联系在一起，都需要用政策或法律的形式去实现，[1]因此，采用何种形式体现的就是政治与法律的关系。

古代，君王书面命令或直接命令立法部门即可制定法律；近代，西方各国政府依照三权分立原则设立，政府如果想在既定范围外介入经济生活，就得通过提案，向议会申请，议会通过法案后就变为法律。这种法律的本质体现的还是国家强力统治机构与经济的关系，但是形式却科学了很多，防止了君王的独裁，更多地体现了集体的意志。

辩证法告诉我们，不存在终极良好的社会制度，只存在不断更新换代、完善的社会制度。人类有文明记载以来，包括国家或邦国产生以来，阶级力量是实实在在的客观存在，各种制度就是在不断升级换代的否定之否定的辩证哲学中发展着的，人与人之间互相交流着、学习着，互通有无。从小到大，国家之间、朝代之间、民族之间也大都如此。

## 四、纠正被颠倒的认识观

从上述分析可以发现，国家与经济的关系自古就很复杂，在经济法领域，须通过依法调控和规制，有效处理多种关系，包括政府与市场的关系、国家与国民的关系，以及同上述关系密切相关的改革与经济法的关系等，诸多关系相互交织，形成了十分复杂的"关系网络"。[2]

我国自改革开放以来推行了一系列经济政策，在此基础上也颁布了多项法律法规，涉及农村联产承包责任制、国有企业承包承租经营、"三资"企

1. 卢代富：《经济法中的国家干预解读》，《现代法学》，2019 年第 4 期。
2. 张守文：《经济法中的法理及其类型化》，《法制与社会发展》，2020 年第 3 期。

业投资经营、经济特区的设立、沿海城市的开放、东北老工业基地的振兴、西部大开发、中部崛起等，这些经济政策和相关法律法规推动了中国的迅速崛起。

现代经济法是在西方大陆法系公私法划分原理基础上产生的。在古罗马时期就出现了公私法划分思想，有了私法与公法分类的法学原则和法律编纂方法，后又逐渐创制了划分更加细致的法律部门的思想。到了大陆法系创制民法典、商法典、刑法典、民事诉讼法典、刑事诉讼法典等时，法律部门的概念与划分方法被清楚地刻画出来，宪法、行政法的部门概念也逐渐在资本主义国家中变得清晰起来，而此时经济法还没有清晰的概念。但是，随着资本主义国家大机器工业时代的来临，国家和经济的关系变得越来越复杂，人们发现古代采用的方法、规则和近代采用的惯用法治方法已经不灵了，必须扩大国家与经济的互动幅度，必须增强国家的驾驭和管理职能。虽然在古代和近代各国都有类似做法，但从来没能够建立在高度专业分工、高度法治化的基础上。"法律的、逻辑的、传统的、神圣的和目的的这几个方面的结合，过去并且现在仍可能是使法律结合成一个有机整体——一种可以理解为具有持续发展能力的法律体系——必不可少的条件"，[1] 因此现代经济法为了迎合西方资本主义国家政治经济职能的巨大转变的需要，终于诞生在了德国和美国，后来传播到全世界。

国家与经济的关系反映在法律上是有鲜明时代性的，只是在不同的时代，表现形式不同。官营化某些行业或领域就是一种表现。国家出于掌控重要经济资源的需要，通过颁布法律实现官营或国营，这就是经济法的具体形式。当然，这种法律之中可能包含着民商法规范、行政法规范等。这种形式在古代经济法中就存在。

近代经济法也体现国家对经济关系的管控或干预，以对自由竞争进行影响，实现国家的政治经济目标，如颁布法律增加或减少税收，禁止或鼓励进

---

1. ［美］哈罗德·J. 伯尔曼：《法律与革命》，中国大百科全书出版社，1993 年版，第 657 页。

出口，影响市场竞争中商品的流通。

现代经济法则首先表现为国家逐渐对经济进行全方位的管理、干预或控制，从社会基本经济制度、基本经济工具到竞争秩序，全面地进行专门化、系统化、有针对性的经济立法。这些立法形式完整，目标清晰，规模巨大，远远超过了古代、近代经济法的数量、规模，专业性、系统性、针对性更强。在自由竞争时代逐渐建立起来的发达民商法和宪政行政法框架体系下，现代经济法也呈现独特的新形式。源自古代、近代的法律规范形式或专门立法形式，在现代继续发展，不断扩大领域和范围，在传统的法律中出现了越来越多的经济法规范，或者颁布了更多以经济法定性的专门化法律，其中也包含着民商、行政、刑事、社会等法律规范。这就是一种法律进化的过程，我们需要这样的经济法理论来将法律进化的过程解读清楚，知道现代人创制的法律部门概念是怎么回事，用这些概念去界定人类社会自国家产生以来的法律现象又是怎么回事，这样法律理论的价值性就体现出来了。经济法的理论需要把国家与政治经济发展中的行为从法律角度进行解读，从法律留下的痕迹上去观察，这样经济法理论的科学意义就明确了。这样就逐渐能把古代、近代、现代经济法的形式区分开来，但是又可以把它们的本质统一起来，然后就可以把它们的时代性特征呈现出来，如此，经济法理论就将经济法现象逐渐解释明白了。

学术界有些人不认可经济法部门的存在，或者将经济法归纳为经济行政法，是因为没有把经济法的时代性与本质完全论证透彻，将法律规范与专门立法混合在一处，概念不明。当然，如果所创造的经济法理论将古代、近代和现代割裂，必然导致概念错误，理论与实践脱节，肯定不会被人们认可，更不可能去有效地指导法治实践。"某一历史时期国家所制定和执行的经济政策，又总是以某一种经济理论作为依据"，[1] 可以说，这个认识非常客观。

中国经历了四十多年的改革大潮，对经济法理论的需要日益强烈，大量

---

1. 梁慧星：《西方经济法与国家干预经济》，《法学研究》，1984 年第 1 期。

的发展中问题需要经济法理论来回应与指导，基本法律问题需要中国经济法学深入阐述、论证，基础理论的夯实必然支撑着中国现代经济法的完善与发展，这是一种中国经济法学界的理论自信，是常年对中国各个科学门类进行研究后的统一认识。经济法学术大厦应当建立在扎实的法哲学与法史学的基础上，这样就能够应对新时代、新格局中的新问题。

从逻辑上深入地理解国家经济，这是一个复杂的问题。首先要考虑维护统治力量的基本经济，这要考虑怎么才能收到财富，怎么花钱，这是国家"第一经济"。然后要考虑国家经营，这也主要是收钱的问题，可以称为国家"第二经济"。接着是国家"第三经济"，如借债、采购、中央与地方资金调剂等。其次是为了保障国家的收入，也为了公共社会的交换需要，国家要为市场提供保障，包括安全、秩序、公平、正义。因此，在允许人们自己生产经营的同时，国家还要采取管理、干预、支持、保护等经济行为，我们可以把这样一个国家经济结构看作经济法的基本逻辑结构。

下　篇

# 经济法体系论

# 第三章　国家分配经济法论

## 第一节　国家分配经济法

### 一、国家的性质与国家"第一经济"

国家首先是一个统治集团，是一个实实在在的力量组织体，自产生之时起便以管理文明社会为己任。而人类文明的标志之一就是理性思维，讲理成为普天之下的大道。国家统治集团的权力如何能有效、持续地存在，是一个非常复杂的问题，历史上多少统治集团因无法掌握好分寸而灭亡。因此，国家需要用法律的方式来表达其意志，讲理的法律表达成为助力的工具，能维持长治久安。文明国家的统治集团尽力去寻找讲理的统治方式，制定讲理的法律与社会制度，这是当代社会统治集团也清晰认识到了的。

国家首要的需求就是生存。因为掌握着土地、人口和政治权力，所以国家自然地向被提供保护的人口征收税入。无论是马克思主义的阶级暴力统治论，还是西方启蒙运动所讲的社会契约论，获得收入以维持生存都是第一要务。而财富又在广大的被统治人口手中，所以国家的产生需要有实实在在的经济原因，那就是为被统治人口提供安全与秩序，无论是基于暴力还是基于政治契约，历史上的国家就是这样起源的。

企业、个人的"第一经济"可能是生产、销售、劳动，但是国家的"第一经济"是税收和支出，是基于文官集团与武装集团提供的公共管理和统治而形成的，并非无条件、无原因形成的。

家有家规，公司有公司的章程，而国家的收入与支出的经济行为需要的是法律的规范。国家统治集团被马克思称为统治者，其他的被称为被统治者，这个概念恰如其分。这就是从根本上认识什么是国家。国家有自己的需求，有自己的利益诉求，经济法就是要确认这些利益诉求，然后考虑如何实现这些利益诉求，而后通过法律设定的经济权力予以实现。这些经济权力体现在法律中就是经济法的定性。其不同于行政法之处在于经济权力是什么，而如何行使就涉及行政法的问题了。

国家统治集团在名义上代表全社会，掌管全社会，由皇帝或国王和各种当局通过法律来掌控，法律制定、实施得好就四海升平，国富民强，幸福安康；法律制定、实施得不好就民不聊生，帝富民穷，动荡不安。统治集团能否"健康长寿"，就要看顶层统治者的驾驭能力了。统治集团中的各个子系统能否健康、协调地运行，这是统治集团时时刻刻都面临的问题。我们一定要学会务实地思考政治问题，就是当局只是一个组织体，一个力量集团，一架强力机器，是公共利益的代表，是"公"的代言人，与"私"相对应。

人类最聪明之处就在于用思想把文明成果都明确表达出来，用文字固定下来，法律就是最好的安排。古印度的《摩奴法典》赋税篇中规定："他（国王）的义务是胜利；他不应在危险中逃走；应以武器保护吠舍，征收法定的赋税。胜利后，应尊敬（被征服国的）诸神与善良的婆罗门，应减轻赋税并宣告没有危险。"[1] 这条法律明确地将国家征税与提供安全的义务完全对应起来，可见古人已经能够明确用文字表达这种意思了。

通过以上分析我们就明白了，社会中最大的一个力量集团是国家统治集

---

1. 法学教材编辑部：《外国法制史资料选编》（上册），北京大学出版社，1982年版，第112—113页。

团，其第一经济要务就是获得税收并进行合理的分配，所以其要考虑社会收入的负担问题，在维护国家力量集团利益的同时还要维护全社会的健康运行，否则就会民不聊生。国家为了能够表达自己的意志，就需要法律。

## 二、国家分配经济法的内容

涉及国家经济收入与支出方面的经济权力来自政治统治，但是历史上一直都以法律的形式来体现，这样才明确、具体、稳定，形成一种政治经济制度，具体包括预算、税收、转移支付、政府采购等。在这类法律中，首要的是明确规定国家财政的基本经济制度，把当时能有的先进制度确立在法律之中，明确基本的财政行为规范。规定经济权力的设置，国家收入的性质与范围，国家支出的方向、方式与方法，这些都属于经济法部门的范畴。本书将这些法律列入国家"第一经济法"范围，主要考虑的就是国家首要的经济问题就是收入问题。

仔细观察就会发现，国家的头等经济大事是收入问题，即第一经济是如何设置最有效的经济权力，从广大的财富占有者和民众身上获取到财富，而且让他们承受得起，更好的是让他们从心理上也接受，甚至成为一种道德义务和法律义务并存的格局。国家要考虑手中握有的资源如何合理分配，如何调动劳动力的积极性，如何用实际行动为纳税人提供更多、更好的安全、秩序、公平、正义等。这不是从纳税人手里强行抢夺，是有公平性可言的。之所以社会契约论能够成为欧洲启蒙思想，说明自国家产生以来公共秩序和保护的问题就一直是现实需要，纳税人还是希望有好的公共统治集团来维持秩序的。现代西方新制度经济学之所以能用经济契约的思想研究国家机器，也是基于这种古老的历史传承。

一个企业关心的第一经济问题是自己的产品能不能卖一个好价钱，收入能不能多一些，接着才是有什么特色与竞争力，然后是如何顺利地生产出来、销售出去。一个劳动者最关心的第一经济问题是找一份什么样的工作能获得更高的报酬，这与国家关心的第一经济问题截然不同。

# 第二节　预算经济法

## 一、古代的预算经济法

### 1. 我国古代的预算经济法

预算法是现代社会的重要管理工具，但是作为一种政治经济行为，相应的预算法律规范，自古有之。

中国古代许多重要的理财观点和原则，在先秦时期即已形成。例如，《礼记·王制》在国家收入和支出的关系上，提出了"冢宰制国用，必于岁之杪，五谷皆入，然后制国用……量入以为出"的财政预算总原则，从中可以了解到当时国家财政收支的基本内容和管理方式，此为式法制财，就是用制度控制财用，以九种税赋对应九种支出。[1]《荀子·富国》中提出了"节其流、开其源"的方法。"理财"一词最早见于《易传·系辞下》，"何以聚人曰财。理财正辞、禁民为非曰义"，基本意思是"理财"包括聚财和用财。聚财就是向百姓收取税赋，用财就是蓄养民众。聚和用都要讲"义"，聚之有理，用之有道。"禁民为非"，也要用"义"，而不是靠武力、刑罚。[2]许毅与陈宝森在其主编的《财政学》一书中指出，《周礼·天冠冢宰》中记载的

---

1. 王绍光：《从税收国家到预算国家》，见马俊等主编：《国家治理与公共预算》，北京，中国财政经济出版社，2007年版，第14页。

2.《周易》一书包括《易经》和《易传》两部分。《易传》是一部战国时期解说和阐发《周易》的论文集，其学说据说源自孔子，具体成于孔子后学之手。《易传》共7种10篇，它们是《彖传》上下篇、《象传》上下篇、《文言传》、《系辞传》上下篇、《说卦传》、《序卦传》和《杂卦传》。自汉代起，它们又被称为"十翼"。

"九赋九式"制度对政府收支的来源和用途均做了较详细的论述，我国预算制度的雏形就此形成。

徐时钜在《历代理财人物选记》一书中肯定了周代有预算制度的说法，肯定了王齐所言周公"式法制财"的预算实践和"量入为出"的预算原则的先进性。[1]这种预算制度很清晰地表明了国家的基本收支经济制度。虽然无法像今天的预算法一样详细，但是作为国家"第一经济"的收支法律原则，其被明确提出来了。这是对国家经济行为进行的法律规范，当然属于经济法范畴，其中并不包括行政法的内容。

国家要对自己的收入和支出行为进行筹划，既要够自己花，又不对纳税人造成过重负担。要形成具有牵制力的法律原则，这对国家来讲并不容易，但为了长治久安，必须通过立法将其固定下来，体现维护国家机器利益的国家意志。这就是经济法的本质体现。经济法是经世济国之法，而不仅仅是一个行政权力设定与法律实施程序。

以上是我国有文字记载的关于先秦时期预算经济法律制度的描述，但中华的历史源远流长，预算乃至财政现象在周之前就应该存在了。"因为财政是权力直接支配一部分经济或劳动力的运作过程，服务于公共需要的一种经济表现形式，它是生产力发展到特定时期的产物。"[2]预算属于财政的组成部分，当然也属于这种服务于公共需要的经济形式，属于国家的一种经济行为。作为一个历史现象，它不是一下子就出现了，而是有萌芽、产生和发展的过程。原始社会末期出现了剩余产品、私有制，才会逐渐出现剩余产品的分配问题，这就可以看作预算的萌芽了。

据考证，我们国家在公元前2070年就已经形成了国家，出现了第一个朝代——夏朝。大禹的儿子启，建立了夏王朝，标志着中国国家的正式诞

---

1. 王齐：《中国预算管理制度历史演进过程及启示》，北京大学硕士研究生学位论文，2012年。
2. 项怀诚主编，吴才麟著：《中国财政通史——中国财政起源和夏商周卷》，中国财政经济出版社，2006年版，第17页。

生。[1] 我国考古材料证实，在夏朝就存在宫殿，不仅标志王权，还可以借祭祖之名，向人民收取更多的财富，这就是一种精心的设计、筹划与测算，让纳税人交得心服口服，不会因为加重负担而产生抱怨。[2] 根据研究，"夏朝存在着众多官吏和刑法雏形。这 100 多个官职，以每个家庭平均有 5 口人计算，计有 500 人，再以每人每天消费粮食 1 斤计，王宫职官及其家属每日的粮食开支为 500 斤，1 年共计 18 万斤"。[3] 如果不能测算出支出数额，则也无法招录这么多官职，这说明在当时也是有着财政预算约束制度的，只是缺乏文字记载而已。

《史记》记载，"自虞夏时，贡赋备矣……命曰会稽，会稽者，会计也"，说明夏代设立了会计之位，对财政收支进行数据化管理和测算了。汉代的预算制度中首次明确将国家财政和皇室财政分开，各有对应的收支，这种制度一直沿用到清代。这是国家收入与支出的基本经济制度，是典型的古代经济法的体现。汉代还实行从地方到中央层层预算的上计制度，就是将预决算与官吏考核制度结合起来，这是很有激励机制的国家经济收入制度。[4]

唐代的预算已经很发达了，《唐六典》记载，"一年一造计账，三年一造户籍，县成于州，州成于省，户部总领焉"，意思就是预算自上而下层层编制，户部编制总预算，这与今天的预算制度极为相像。

之后的各朝各代对于预算都有明确的记载。只是"预算"一词是清朝时由东洋传入的。1895 年黄遵宪刊行的《日本国志》第一次使用了现代意义上的"预算"一词。

古代中国就有预算行为。这种行为是要筹划国家的收入与支出，衡量财

1. 项怀诚主编，吴才麟著：《中国财政通史——中国财政起源和夏商周卷》，中国财政经济出版社，2006 年版，第 52、73 页。

2. 项怀诚主编，吴才麟著：《中国财政通史——中国财政起源和夏商周卷》，中国财政经济出版社，2006 年版，第 136 页。

3. 项怀诚主编，吴才麟著：《中国财政通史——中国财政起源和夏商周卷》，中国财政经济出版社，2006 年版，第 172 页。

4. 陈光焱：《中国预算制度的历史变迁与现今改革》，《地方财政研究》，2008 年第 5 期。

富的数量与公共需求之间的关系，是一种国家的计财经济行为。古代中国的法治中明确地存在规范这种行为的经济法，这是毋庸置疑的。

**2. 国外古代的预算经济法**

预算作为一种国家经济行为，在古代普遍存在。

古印度的《摩奴法典》中规定："他（国王）不应过分贪婪地（征税）而剪断自己或他人的根，因为剪断的根对自己或他人都有损害。"[1]印度孔雀王朝曾规定哪些税收的多大比例用于什么开支项目。

古罗马也存在对收入与支出进行测算的制度："奥古斯都推行的省级定期普查制度允许罗马把税收需要建立在相当贴近实际的财产估计值上，虽然当时多样性仍然是常态，但已经对土地税和人头税进行了明确的区分。"[2]这说明古罗马存在一个明确的国家收入和支出体系，已经开始非常严谨地筹划收入与支出的项目及其比例，这是一个了不起的预算行为，为古罗马的强大奠定了坚实的经济基础。古罗马帝国当时已经实行了累退税制，税负在当时的国家中是很轻的。

古希腊的雅典城邦由公民大会掌握财政立法大权，对公共财政实施管理和监督，出现了一些财政公开的重要概念，如神的出纳官、建筑官将收支目录刻记成碑文公之于众。在民主政治的起源地出现财政预算公开是很正常的，说明当时的雅典城邦已经对政治经济的基本制度非常重视了，开始使用法律的手段构建政治力量收入支出的制度。

英国1215年的《大宪章》规定国王征税必须同贵族会议商量并听取民众的意见，将预算收入的政治权力法律化，限制了国王随意征税的权力，成为古代预算政治经济制度的典范。

可以看到，各个朝代或国家都将自己的收入与支出列为头等大事，建立

---

1. 法学教材编辑部：《外国法制史资料选编》（上册），北京大学出版社，1982年版，第112页。
2. 理查德·邦尼：《欧洲财政国家的兴起（1200—1815）》，沈国华译，上海财政大学出版社，2016年版，第8页。

相应的法律制度以进行保障。这可以说是世界通例。家庭测算自己的收入基础，然后决定自己的支出内容与方向，这是家庭的经济行为。而到了国家，这就是国家的经济行为，体量大了，内容复杂了，性质也变了。

国家的收入与支出涉及的是统治集团和社会集体的利益，是需要用公法来规范和表达的。预算经济法恰好符合这种公法的需要，成为国家决策政治经济收入与支出的最好形式。它在古代形式简单一些，文字表述简陋一些，但是性质是一致的。

## 二、近现代的预算经济法

"预算"一词最早出现于清朝末年。前文已提到，"预算"一词是清朝时由东洋传入的。

1895 年，黄遵宪刊行《日本国志》，第一次使用了现代意义上的"预算"一词。

1898 年，康有为在"戊戌变法"中提出"改革财政，编制国家预算"的财政体制改革建议，虽然变法因失败而告终，但是却让预算的概念进入了中国财政历史。

光绪年间，为了推行新政，清政府制定了《清理财政章程》，之后又拟定《预算册试及例言》，确定了预算年度，划定了收支门类，虽未生效，但这是我国第一部近代政府预算法规。

1911 年 10 月，《十九信条》出台，规定"本年度预算，未经国会议决者，不得照前年度预算开支"，同时规定，"皇室经费之制定及增减，概依照国会议决"，这是中国历史上首次在法律中引入预算概念，也是中国历史上第一次用法律节制皇室的财权。随着清政府的灭亡，这些规定也都化为乌有。

民国初年，北洋政府在清政府有关预算制度的基础上，于 1914 年颁布了《会计条例》，其中对预算制度做了进一步的规定，如规定了预算期间和基本的编订程序等。预算制度规定，预算执行前须提交立法院审议通过方能生效。可见这一时期的预算经济法对于国家的收支进行了实体法和程序法上的初步规定。[1]

进入国民政府统治时期，南京国民政府 1927 年颁布了《会计则例》，1928 年颁布了《审计法》，1931 年颁布了《预算章程》。南京国民政府专门成立主办预算的直属主计处，并建构相互牵制的预算系统，预算渐趋独立，程序越趋规范。南京国民政府 1932 年颁布了《预算法》，1938 年颁布了《决算法》，[2] 这样就将现代的预算法制全面、深入地引进中国，用现代法治的观念与方法建立了中国早期国家预算经济的法律格局，将国家的这一政治经济行为由古代的专制王权形式转变到了现代形式民主与专门化立法阶段，奠定了中国现代预算经济法的基础。

中国共产党领导建立了苏维埃政权，因此也相应存在政权的收支行为。在革命政权与根据地初建时期，财政管理混乱，制度与法规欠缺。1931 年闽西苏维埃政府指出，"……过去各级政府的财政紊乱，没有精确的预算决算，乱行开支……现在为要与敌人作长久斗争，为要冲破敌人的包围，对此整理财政工作是迫切需要"，[3] 为此，1931 年中华工农兵苏维埃第一次全国代表大会通过了《关于经济政策的决议案》，接着成立了中央财政部，12 月颁布了《中华苏维埃共和国财政暂行条例》，规定了预决算的内容、编制的程序与要求；1932 年还配套颁布了《国库暂行条例》，规定国库的支出以预算为基础，并建立了国家审计委员会。1942 年陕甘宁边区政府颁布了《陕甘宁边区县政府组织暂行条例》，规定了在县政府下设审计员，负责征粮、金库收支和县经费预算决算事项。这是中国共产党革命政权早期的政治经济行为表现，也是用法律的方法确立了收支的要求与方式，政权的经济外观赫然

---

1. 北洋政府正式编制的国家预算方案是 1914 年的国家预算简章，分《总则》《编制时期》《编制方法》《计算方法》及《附则》等 5 章，共 39 条，并另定各项表式，作为办理预算之基础。
2. 马金华：《1912—1949 预算制度的演进与挫败》，《新理财 / 政府理财》，2010 年第 2 期。
3. 谢志民：《中央苏区财政预决算制度析论》，《赣南师范学院学报》，2016 年第 2 期。

体现在当时的那些预算经济法中，其绝不仅仅是经济行政行为规范。

新中国成立后，由于形势需要，建立了统收统支的预算及财政管理体制，模仿苏联的模式解决特殊时代的特殊困境，政务院颁布了《关于统一全国财政经济工作的决定》，建立了中央、大行政区、省（市）三级预算管理体制。1953 年我国开始建立统一领导、分级管理的预算管理体制，削弱大行政区财政地位，划分中央和地方的财政收支范围，按照主次轻重及集中和分散的情况，分配中央和地方的大致比例，[1]这种体制一直延续到1978年。1980 年至 1994 年我国实行划分收支、分级包干的财政预算管理体制。1980年国务院颁布了《关于实行"划分收支、分级包干"财政管理体制的暂行规定》，实施了"分灶吃饭"制度，但是仍然没有走出行政隶属关系划分的框架。1994 年至今我国实行了分税制财政与预算管理体制。1994 年颁布了《预算法》，从基本法角度建立了共和国的预算框架体系，将国家的预算经济行为逐渐纳入法治轨道。

预算制度中体现出的经济法制度有其明确的特殊性，经济行政行为无法涵盖，所以其法律部门的属性毋庸置疑当是经济法。

# 第三节　税收经济法

## 一、古代的税收经济法

### 1. 我国古代的税收经济法

税收现象自古有之，与国家或主权现象同时产生，是一个历史范畴。我国的税收历史源远流长。《史记》记载："自虞夏时，贡赋备矣。"据说，税

---

1. 陈如龙：《当代中国财政》，中国社会科学出版社，1984 年版，第 68 页。

收历史可追溯至高辛氏时代。高辛氏即帝喾（相传为黄帝曾孙），为五帝之一，约生活在公元前 26 世纪至 21 世纪之间。据《中国历代食货典》卷一百一十赋役部记载，上古时代赋役二则，其中之一就是，帝喾明确规定将"均赋"列入"赋役部"，可见帝喾时代就有每种税收的雏形，距今已逾4000 年。这是目前能考证到的中国最早的准国家或政权（史学上有称为邦国或部落联盟政权）的经济收入的记载之一了。[1] 据历史学研究表明，夏王朝（约公元前 2070—公元前 1600 年）是中国最早的政治国家，"它创造了以贡赋的形式向臣民征收财富的原则和制度，'禹别九州，量远近，制五服，任土作贡，分田定税，十一而赋'。即在确定行政区划的基础上，又创设了专门用以征收赋税的五服制……税率大体上相当于十分之一"。[2] 夏朝开启了古代中国政治国家税收经济收入的立法先河，为国家奠定了坚实的经济基础，这样才使得大禹治水有了足够的经费，使得夏王朝这个上层建筑存在了400 多年。这就是古代中国税收经济法的价值体现。

据史书《孟子》记载，商朝实行助法，即借助民力助耕公田，以公田的收获物作为财政收入，这种田赋制度即井田制，是一项当时王朝最基本的国家经济收入制度。西周时期实行彻法，即打破井田制中公田和私田的界限，平均税率为 10%。彻法为当时的国家基本经济收入制度。[3]

税收经济法体现的是国家最基本的经济收入制度，此后各朝各代也均有此基本制度规定。

春秋时期鲁国的初税亩制度最著名，它是我国历史上第一次按田亩的多少征税的制度，不再按照井田制中的税法征收。这表明国家的基本经济制度发生了变化。随着公有土地逐渐转变为私有，税收制度也与时俱进，转变为按照土地的数量来征收，这很好地实现了税收的公平，鲁国因此而富裕发达

---

1.《中国历代食货典》，广陵古籍出版社，1990 年版。
2. 齐海鹏等：《中国财政史》（第三版），东北财经大学出版社，2015 年版，第 12 页。
3. 齐海鹏等：《中国财政史》（第三版），东北财经大学出版社，2015 年版，第 17—18 页。

起来。

秦朝开始征收人头税，税吏挨家挨户按照人头数征税，徭役也异常繁重，其基本经济收入制度没有考虑量入为出的税法原则，国家的经济收入很快成为无源之水，经济基础迅速崩塌，导致秦朝成为短命王朝。

西汉时刘邦深刻认识到了这一点，因此制定了休养生息的基本政治经济制度。到汉武帝时，西汉成为富强繁荣的大帝国。

自夏至清 4000 年左右的王朝文明，历代王朝政权都是国家机器，其在建朝立业后都要在税法中规定其基本的税收经济收入制度，这与近现代各国及当今的中国没有什么不同。国家经济的属性古今中外都是相同的，作为国家"第一经济"的税收，其古今中外也都是相同的。

国家要为社会提供公共安全、管理与秩序，为此要获得相应的收入。国家通过税收经济法确立基本的收入制度，然后强制性征收。以上所列基本的税收经济制度并非税务机构征收程序的内容，当然不应列入行政法范畴。但古代税制在规定税收经济法的同时，也离不开税收机构组织、征收程序等行政法内容，因此我国古代税法包含经济法和行政法两大法律部门。

**2. 国外古代的税收经济法**

中国古代的国家政权"第一经济"当属税收，国外也是如此，这是人类政治社会的共同属性。

在西方，古罗马曾经历了一个漫长的低税期。从奥古斯都开始，税制发达起来。维持职业性的常备军并进行各种公共建设（古罗马大道、古罗马水道等），导致公共开支剧增，奥古斯都由此成为大税法立法者，许多税都是他开创的。土地税、人头税、遗产税、关税、贡赋、释奴税、营业税等商品税以及其他杂税，甚至还有战争税[1]，古罗马人通常一税一法，依法征税，颇开非经人民同意不得开征新税的风气之先。古罗马的这些税制为帝国打下了

---

1. 理查德·邦尼：《欧洲财政国家的兴起（1200—1815）》，沈国华译，上海财政大学出版社，2016年版，第8—9页。

坚实的经济基础，使其最终成为横跨欧亚非几大洲的帝国。税种制度确立了古罗马的国家政权最基本的经济收入形式，这些法律属于典型的古代经济法范畴。而古罗马在税法实现的制度上，设立了包税制，即国家将一定时期里某项捐税，以一定数额交由私人包征包解。这应当属于典型的委托授权行政法制度，"这种制度代价昂贵：公元前 47 年，尤里乌斯·恺撒在亚洲省份用城市当局征税来取代包税制，并且显然是在没有减少政府税收的情况下把税负降低了 1/3……税收中央控制体制的崩溃则是罗马帝国解体的一个重要因素"。[1] 显然，不光经济法制度，古代行政法制度对于征税成本的影响也是不容忽视的。有学者认为经济法只是现代社会在西方才出现的，这种认识无法与丰富、漫长的人类政治经济历史相吻合。仔细考察古罗马的政治经济，发现它也是古罗马的"第一经济"，与其相关的制度是直接为古罗马国家政权利益服务而设定的基本经济制度。

约公元前 20 世纪制定的《苏美尔法典》共有九个条款，虽然其没有涉及税收，但是美国考古队发现，在尼普尔发掘出的泥板上记载了很多苏美尔人的谚语，其中有一条是，你有领主，你有国王，但是税吏最可惧……泥板上记载了国王的法令：祭司必须向粮食长官交纳土地税。看养专供取毛之羊的牧人，如果没有白羊毛，应该向监督交出相当数目的白银；税收人、司奠祭司的首长、草房之长、酿酒房之长、兵士之长，应该交出相当数目的白银以代羔羊……以前人死了，要向司奠祭司缴纳高昂的葬仪费。现在，国王的税吏会去参加他的葬礼，攫取一部分殉葬品。国王不仅承继了神庙财政时代的税收，还把神庙和祭司归到纳税人的行列，进一步扩大了税收。[2]

这段资料表明，苏美尔人存在税收的基本法律制度，包括税的种类、纳

---

1. 理查德·邦尼：《欧洲财政国家的兴起（1200—1815）》，沈国华译，上海财经大学出版社，2016年版，第9页。

2. 史卫：《人类财政文明的起源与演进》，中国财政经济出版社，2013年版，第66页。

税的形式。这段资料还反映了当时税负较重的情况。我们最熟悉的是苏美尔人创制了楔形文字。这种高度发达的早期人类文明离不开充裕的财富支撑，从其国家经济收入的方式中我们可以窥见一斑。收税是国家政权经济的基本形式，尽管苏美尔人当时的财政收入还有一部分来自罚款和战争掠夺，但是税收是其主要的经济收入，税收经济法起到了重要的作用。

另外，古代的其他很多国家也存在税收经济法律制度。古印度、古埃及等都是如此。公元前1000多年的《阿帕斯檀跋与乔达摩法律汇编》第二部分专章规定了"收入和赋税"，其中第40条规定，婆罗门的补充收入是接受布施；第41条规定，刹帝利的补充收入是战争卤获品；第42条规定，吠舍和首陀罗的补充收入是工钱。然后还有农业、牧业、商业、手工业等行业税收规定，[1]明确了国家统治集团的基本经济收入来源，体现了税收经济法的基本内容。

古埃及关于税收的最早记录来自法老纳尔默（约公元前3100年，史学界存在争议）统治时期。古埃及的税收水平通常很高，除了统治阶级之外，其他所有人都是征税的对象。征税者这一职业则是最危险且残酷的工作之一。税吏中的许多人都是独自一人生活，不娶妻生子。他们的一生都在为法老征税，而且无时无刻不在担心自己的生命受到威胁。"根据第十八王朝阿蒙赫特普四世统治时期（公元前1352年—公元前1336年）的赋税表记载，新王国时期的固定赋税包括一定量的银子、香、酒以及其他物品；浮动赋税包括贵金属、布匹，有时也会包括食物。"[2]一直到托勒密王朝（公元前305年—公元前30年）时期，"几乎每一个经济部门或每一种职业都必须纳税。国家除从垄断行业中榨取巨额财富之外，还向埃及人（主要指农民、手工业者和其他劳动群众）征收各种苛捐杂税……托勒密王朝就是用这个数目巨大的收入维持其庞大的官僚机构，供养着军队，以及满足宫廷及大臣们的空前

---

1. 法学教材编辑部：《外国法制史资料选编》，北京大学出版社，1982年版，第104页。
2. 郭丹彤：《论古代埃及的赋税体系》，《东北师范大学学报》（哲学社会科学版），2016年第3期。

奢华糜烂的生活需要"。[1]

我们从上述陈述中看到了古埃及国家政权经济收入的基本形式。这些规定很多都记载在石头上，以公示其法律威力。

## 二、近现代的税收经济法

### 1. 中国的近现代税收经济法

1840 年，西方侵略者用船坚炮利打开了清政府的大门，并使其税收经济和相应的法律也发生了变化。

1842 年签订的《南京条约》改变了中国的关税制度，海关通商口岸新增了五处。《虎门条约》所附的《海关税则》规定，英国享有片面最惠国待遇，进口税按照货物价值的 5% 抽取。根据 1843 年签订的《议定通商出口税则》，其出口税率也是 5%，强行将清政府的关税收入规定在低值。

1842 年签订的《南京条约》及 1858 年签订的《天津条约》，设定了子口税，即外国商品进入内地除交关税之外，还交 2.5% 的内地过境税，但是规定，外商只交一次，中国商人却逢关纳税。

1861 年清政府与英、美、俄等国签订《通商各口通共章程》，1862 年又订立《长江收税章程》，赋予外商及其在华代理人种种免税特权。1844 年《法商条约》规定了有利于洋商的船钞税收。1858 年《通商章程善后条约》规定了洋药税，自此以后，鸦片进口合法化。[2]

大量的不平等条约严重损害了清政府的税收经济制度，将其税收经济权扯得四分五裂，尤其是厘金制度的设定，"严重阻碍了中国的工农业产品的流通，沉重打击了中国的民族工商业和农业"。[3]

---

1. 董婷：《罗马 – 拜占庭时期埃及的税收制度》，内蒙古民族大学硕士论文，2012 年。

2. 刘德成：《中国财税史纲》，中国社会科学出版社，2016 年版，第 143—146 页。

3. 齐海鹏等：《中国财政史》（第三版），东北财经大学出版社，2015 年版，第 265 页。

侵略者用武力和法律的方式改变了清政府的税收制度，用条约的形式设定了洋人在中国的税收特权。这是一种经济权力，涉及的不仅仅是行政法的问题，而是非常复杂的政治经济问题。

在半殖民地半封建社会税制的影响下，民国时期的税制从古代税制逐渐转变为近现代税制。

中华民国《临时约法》中明确规定了宪政体制下的税制，1912 年 10 月制定了《厘定国家税地方税草案》和《各省国税厅官制草案》，但却被北洋军政府扼杀了。

1914 年，北洋政府颁布了《国家税与地方税税法草案》，首开中国近代分税制，将田赋、盐课、关税、厘金等 17 种税列为国家税收，将田赋附加税、商税、牲畜税等 20 种捐税列为地税，将国家的基本经济收入形式法律化，属于典型的经济法。但是，由于地方政府抵制，该法最终没有实行下去。这说明政治分裂形势下的经济权力是无法得到保障的。北洋政府试着引进西方新税种，如印花税、所得税、遗产税等。这是西方赋税原则在我国近代的初次运用。[1]

1912 年 10 月，北洋政府颁布《印花税法》，这是典型的税收实体法。它确立了税种的基本经济制度，从税种的角度系统地进行税收立法，是典型的税收经济法。

1913 年 2 月，财政部颁布《印花税票总发行所章程》，对征税行政机构和征收程序进行规定。这是典型的行政法，即所谓的经济行政法。

1914 年，北洋政府颁布《所得税条例》，1915 年制定《遗产税条例（草案）》，采取了洋人创制的累进税制。

法律的形式焕然一新，开启了税收经济法的近代化大幕。

南京国民政府进一步推进了税收经济法的现代化。

---

1. 参见申成玉：《简论北洋政府初期税制现代化的努力及其夭折》，《北京工商大学学报》（社会科学版），2009 年第 3 期。

1928 年 11 月，南京国民政府颁布了《划分国家收入地方收入标准案》和《划分国家支出标准案》，将盐税、关税、统税、印花税、矿税等主要工商税种列为国家收入，将田赋、契税、牙税、当税、营业税等适合地方征收的收入列为地方收入，用统一经济法的形式将晚清政治变革以来最复杂的政治经济问题制度化、法律化，确立了现代中国国家收入的基本体制。这些法律规范与制度都是鲜明的经济法内容，行政法根本无法涵盖。

1929 年，南京国民政府颁布《海关进出口税则》，宣告了中国关税的自主，确立了海关收入归中国国家经济收入的经济法制度，体现了国家的意志，维护了国民政府的利益。南京国民政府还颁布法律，创立统税制度，弥补了厘金裁撤后带来的收入减少的漏洞，为国家财政收入奠定了坚实的法律基础。

1936 年，南京国民政府颁布《所得税暂行条例》，实行累进税率，运用更为现代化的法律方法确立了国家经济收入的形式与内容。同时，还拟定了《遗产税原则》和《遗产税条例》，虽未开征，但其收入设计原理和累进税制却将中国税制引入更加现代化的阶段。这种经济制度的设定体现了当时经济法的进步。

中国共产党革命政府也用税收经济法保障革命的事业。

1928 年 12 月，中国共产党颁布的《井冈山土地法》规定，土地税依照生产情形分为三种税率征收。

1929 年初，红四军发布了朱德、毛泽东签署的《红军第四军司令部布告》，宣布苛捐杂税，扫除干净，确立累进税法，为革命政权收税确立了经济法制度。

1931 年 11 月 28 日，中华苏维埃共和国政府审议通过《关于颁布暂行税则的决议》指出，国家的财政收入和支出，税收是主要的来源。中央政府根据宪法的规定，废除国民党军阀的一切赋丁粮、苛捐杂税、厘金等，实行统一的累进税。另外还颁布了《暂行财政条例》，确立了革命政权的基本财政收支制度。[1]

1939 年 12 月 28 日，陕甘宁边区政府正式颁布了《陕甘宁边区政府税收条例》，次年颁布《陕甘宁边区营业税收条例》及《货物税收条例》，[2]确立了边区政权税收经济的基本制度，为持久抗战和解放战争的胜利奠定了经济基础。

如果只把经济法定位于西方资本主义垄断时期，那么这些革命政府时期的经济法就难以解释了，因为我们没有像英国、美国、法国、德国、日本等一样经历过自由竞争的市场经济，也没有宪政的政治历程，但我们一样颁布的是经济法。革命战争年代的政府收入当然属于政治经济范畴，一个体现政权经济收入的法律当然属于国家经济法范畴，因为其确立了革命时期政权的基本经济收入形式与法律途径。在学习革命史的时候千万不能忘记其中的法律机制也是革命政权的有机组成部分。

新中国成立后，很快用法律的形式确立了税政。

1950 年 7 月，政务院颁布《税政实施要则》。为配合对资本主义工商业和个体经济进行的社会主义改造，我国相继出台了一系列税收法规，包括《货物税暂行条例》《工商业税暂行条例》《屠宰税暂行条例》《利息所得税暂行条例》《城市房地产税暂行条例》《特种消费税暂行条例》等，农业方面发布了《新解放区农业税暂行条例》。这些税收法规，有效地保证了政府财政收入，发挥了调节经济的作用，确定了中华人民共和国成立后政权初建的国家基本收入制度，规定了征税范围等，使得新生政权具备了税收经济法基础。

十一届三中全会之后，我国开始变革法制。20 世纪 70 年代末，我国确立了"划分收入，分级包干"的财政政策，并集中制定了一系列税收法律法规，包括增值税、营业税、资源税、国有企业调节税等税收条例，开始重视

1. 曾光明：《中央苏区税收制度及其历史地位》，参见 https://www.gaodun.com/guoshui/632068.html。
2. 魏秀玲：《论陕甘宁边区税收法律制度的产生及基本原则》，《政法论坛》，2001 年第 6 期。

税收经济法和行政法的作用，确立了一系列基本的国家税收经济制度，使得国家的经济基础逐渐雄厚。

从 1994 年起，我国开始在全国范围内实行分税制。为配合建立分税制，全国人民代表大会颁布了《税收征收管理法》《个人所得税法》和《关于外商投资企业和外国企业适用增值税、消费税、营业税等税收暂行条例的决定》。国务院颁布《企业所得税暂行条例》《增值税暂行条例》《消费税暂行条例》《营业税暂行条例》《土地增值税暂行条例》《资源税暂行条例》等一系列税收行政法规，建立起适应统一的市场经济的税收经济和行政法律体系，对于保证依法收税、依法纳税和政府财政收入稳定增长，起到了十分重要的作用。

这些法律法规中包含着大量的经济法规范，体现了国家"第一经济"的收入制度，是典型的经济法内容，有大量的规定与行政并没有直接关系，经济行政法根本无法取代。

### 2. 国外相关的近现代税收经济法

近代史的开端从英国拉开。1640 年英国爆发"清教徒革命"的主要原因便是国王查理一世要求征收对苏格兰作战的费用而与议会发生冲突。查理一世无视传统惯例，打算强征税收，激起民愤。英国从 1215 年《大宪章》开始便有了议会与国王因收税而引发的斗争。随着 17 世纪工商业资产阶级的兴起，用法治的手段规范国王征税成为最大的政治经济问题之一。

1692 年，英国国会授权征收土地税。[1] 土地税的开征使英国政府有了较稳定的收入，并成为英国政府的财政基础。斯图亚特王朝末期，其土地税的收入占到政府总财政收入的一半左右，可见其重要程度。这说明英国的政治经济制度在资产阶级与国王的斗争过程中取得了巨大的胜利，议会确立的国家经济收入找准了方向，经过了充分考察，符合社会的实际情况。这样就缓

---

1. 李升：《现代税收制度研究》，经济科学出版社，2015 年版，第 53 页。

解了国王随意征税带来的社会矛盾，具有划时代的革命性意义，是自 1640 年人类社会近代历史开端乃至英国 1688 年"光荣革命"以来税收经济法最大的进步。

从 18 世纪开始，议会立法开征关税、印花税、货币税等间接税。1799 年，议会批准开征所得税，税制结构逐渐合理，为英国迅速崛起为世界头号经济强国奠定了坚实的经济基础，其所构建的国家经济收入制度也成为近现代自由市场经济国家的榜样，维护了英国资产阶级的政权利益，实现了宪政目标下的经济法革命。

从此以后，专制王权在英国乃至欧洲逐渐被限制或者消灭，人民主权思想盛行，税收成为维护公共财政的经济基础，古代税收经济法逐渐迈向近代税收经济法。

至今，世界各国的税收经济法仍受到英国税收结构影响。

德国在英国崛起之时仍然是一个地理概念，分为 300 多个独立的邦国，市场分裂，各自为政，关卡林立，商品流通成本高昂。

李斯特极力主张建立德国关税同盟。他引用了一段关于德国关税联盟报告的内容："德国关税联盟是蔓延全国的国家团结思想的化身。如果领导有方，将把德国的各种利益融合起来，凝聚成一个整体，由此带来的好处使联盟深受欢迎。这是德国人民朝着实现民族统一迈出的第一步。在商业问题上的共同利益，已经为政治民族统一铺平了道路。原先那种狭隘的观念、偏见和陈规陋习已被一种广泛而又强烈的德国民族情结取而代之了。"[1]

后来，以普鲁士、奥地利等邦国为代表的德国资产阶级和地主集团推行了李斯特设计的同盟政策，各个邦国的税收法律被统一起来，很快形成了一个巨大的经济利益整体，终于在 1871 年实现了德意志民族在政治上的统一。

---

1. ［德］弗里德里希·李斯特：《政治经济学的国民体系》，邱伟立译，华夏出版社，2013 年版，第 296 页。

这种经济制度安排是一种典型的经济法体现，政治集团的经济利益被统一起来，自然地就会结成政治同盟，进而组成一个统一的国家。

统一使德国迅速崛起和强大，统一前的税收经济法功不可没。关税同盟协定把德意志国家的经济利益完整地体现出来了。德国的关税同盟建立之后，很快实现了税制的近代化，直接税和间接税体系建立起来，实现了经济的飞跃。

再说说美国。这个后起的资本主义国家，没有历史负担，政权从零开始，但是它也像德国一样，早期的州各自为政，联邦政府缺乏统一的征税权。

美国 1787 年《宪法》规定，各州将进口关税让渡给联邦政府，作为联邦政府的主要收入来源。这项经济制度安排使联邦政权有了充分的财政保障。这种涉及政治经济权力分配的法律从宪法中确立后就进入了具体的经济法范畴。这种法律可以被笼统地称为政治经济法，通过国会审议后，它便成为具体的税收法案，可以理解为宪法之中的经济法规范，但同时也属于宪法法律规范。出现规范性质竞合的情况是正常的。1861—1913 年美国逐渐从以关税为主体的间接税制向以直接税为主体的复合税制转化。1913 年是美国税制从商品课税为主走向所得课税为主的分界线，美国的税制也逐渐现代化。

如今，美国是以直接税为主的国家，实行联邦、州和地方（市、县）三级征税制度，属于彻底的分税制国家。美国现行的主要税种有：公司所得税、个人所得税、销售和使用税、遗产和赠与税、社会保障税、财产税、资本或净财富税、累积盈余税、消费税等。这些基本的税收经济制度都体现在由国会通过的税收法案之中，属于国家收入之法，即经济法，其实现的是美国国家经济利益，体现的是美国国家意志。

以上有关国家和税法税制的介绍都是为了表明税收经济在国外也是"第一经济"，规范这种经济的法律，很多内容都属于经济法范畴。

# 第四节　转移支付经济法

## 一、古代的转移支付经济法

### 1. 我国古代的转移支付经济法

转移支付的概念是在现代被提出来的，最早提出这一概念的是著名经济学家庇谷，他在 1928 年出版的《财政学研究》中使用了这一概念。

转移支付一般指财力由上级政府转给下级政府以满足统治需要。以此为标准，古代虽然没有转移支付的概念，但是上下级政府之间财力转移的现象还是普遍存在的。这个制度并非简单地从上级行政机构向下级行政机构转移、拨付财政资金，也并非简单地拨付或转移资金时需要履行的行政程序，而是中央政权与地方政权之间的财政权力分置，既要保证中央政权的财力，还要满足地方政权的统治需要，否则就会因财力不均衡而产生政权失衡。这涉及国家的基本政治经济制度的效力问题。

从夏朝开始，我国就建立了专制王权，财力集中在中央，地方财力部分由中央保障。

到了商周时，分封的方国诸侯有了很大的财权与事权，但需要向中央政府缴纳贡赋。

秦朝建立了中央统收统支的财政体制，地方财政由中央拨付，但是秦朝并未给地方足够的财力转移支付，导致很多公共事务如征税、治安、水利建设等无法实施，社会管理陷入混乱，秦朝很快就灭亡了。"郡县制下，财权高度集中于中央，中央政府设置了统一的财政管理机构，制定有关税收征管的制度、政策，在全国范围内实施。从政策的制定、法律的颁布到税收的征集和减免，都由中央决定，在全国范围内统收统支……郡县仅限于在规定的范围内开支，其余收入均上交中央，储存在郡县的钱粮，只是代替中央政府保管，必须由中央统一支配。"[1] 由此可见，秦朝时地方的财政收入完全由中央决定，不足部分也由中央通过转移支付的方式弥补。

汉朝时中央政府掌握收入征收权、收支管理及监督权、收入使用分配权、赋税的减免权……在支出管理上，中央政府规定相应的支出范围与支出标准，并根据各地收支情况在全国范围进行调剂。[2] 这种调剂是一种很明确的转移支付形式，在今天仍然可以看到它的影子。这就是我们今天所看到的汉朝时中央与地方财政分配的基本经济制度和经济法规范。

唐朝初期仍沿用中央统收统支的经济法制度。"中央对地方实行上计制度，所有经费支出，无论官员俸禄支出还是购买支出、军费开支都在比部（古代官署名）的审核范围之内"，[3] 这种体制一直沿用到安史之乱爆发前。唐朝中期采取两税三分法，"两税收入在中央、节度观察使、州三级财政之间做定额分配，分为上供、留使、留州三部分"，[4] 使得地方有很大的财政自主权，这也是古代中国分税制的体现，属于中央与地方分配的基本经济制度，当然属于古代的经济法。

宋朝时设三司掌管全国财政，"各地钱谷要向三司上报账簿，转运使掌握的钱物调度都要经三司批准"，[5] 这说明宋朝的地方财政完全由中央掌握，所需经费完全由中央控制。这些表明中央和地方的财政收支分置是常态化的基本经济制度，属于一国非常重要的基本财税体制，体现在政治体制和相应的财税经济法之中。

---

1. 管汉晖：《秦汉以来我国中央与地方的财政关系——财政分权的历史渊源回溯》，《经济科学》，2017 年第 4 期。

2. 朱红琼：《中国中央与地方财政关系及其变迁史》，经济科学出版社，2008 年版，第 45 页。

3. 管汉晖：《秦汉以来我国中央与地方的财政关系——财政分权的历史渊源回溯》，《经济科学》，2017 年第 4 期。

4. 杨峥：《古代至民国时期中央与地方财政关系的历史变迁》，《唐山职业技术学院学报》，2012 年第 10 卷第 1 期。

5. 杨峥：《古代至民国时期中央与地方财政关系的历史变迁》，《唐山职业技术学院学报》，2012 年第 10 卷第 1 期。

元朝时仍实行统收统支的财政体制，分为中央、行省和诸路府州县三级财政管理机构，税粮科差及税的数额都由中央政府规定，地方财政受到中央的严格管理。"在行省所辖区域内，行省有权调整路府州县的赋税数额，但仅仅限于对路府州县之间的调整，中央政府规定数额则维持不变……通常情况下，路府州县官署日常办公经费数额固定，来自本地赋税中的一小部分留成。个别路及直隶州赋税收入有限而开销较大，经费由中央给赐颁发……路府州县支用财赋的权力很小，中央政府不允许路府州县私自保留'余羡'，不允许擅支官钱，地方政府经费通常由中央确定和分拨。"[1] 这说明元朝的财政收支经济关系受到法律的严格规范，体现国家意志的基本经济制度由经济法明确规定。这种上下级政府间的财政经济收支设置是一种具体的政治经济制度，由经济法来体现，只从行政法的性质来认定是极不全面的。

明朝时财政权也集中到了中央，地方的财权机动性很小。明朝税收的基本法律制度由中央统一规定。"中央与地方政府的财政收入分配主要以起运存留的方式进行，起运指各省按照中央要求将税收运送到京师或者边镇，存留指的是各地税收小部分留在本地，用作地方常规支出的一部分钱粮。"[2] 这说明明朝中央与地方之间的转移支付由固定的法律确定下来了，仍然是统收统支的财税收支经济关系，国家对地方的财权限制非常严格。这体现的就是鲜明的国家政治经济法，既是一种国家意志，也是法的形式。

清朝前期也实行中央统一管理，"实行严格的解协款饷、奏销库藏制度来控制地方财政"，[3] 中央统制财权的能力达到高峰，设户部统管全国财物，在地方设布政使，也归中央户部直管，所有的财政收入都归中央，所有的财政支出也都由中央负担。清朝后期中央的统管能力减弱，地方的财权开始增

1. 管汉晖：《秦汉以来我国中央与地方的财政关系——财政分权的历史渊源回溯》，《经济科学》，2017 年第 4 期。

2. 管汉晖：《秦汉以来我国中央与地方的财政关系——财政分权的历史渊源回溯》，《经济科学》，2017 年第 4 期。

3. 杨峥：《古代至民国时期中央与地方财政关系的历史变迁》，《唐山职业技术学院学报》，2012 年第 10 卷第 1 期。

大，很多摊派都由地方财力掌控。在西方殖民者和太平天国的打击下，清朝的统治岌岌可危，中央与地方财政分配关系混乱，中央集权弱化。这时，国家的基本财税分配制度难以统一，导致国力极度衰弱。

我国古代很早就形成了中央和地方财权分别设置的制度，但是地方财政并不一定能够满足自身的需要，经常需要中央财力的支持。这种支持经常表现为临时性、被动性，有需求时临时决定如何进行支持，并根据实际需求决定支持多少，缺乏稳定的基本法律规定。这说明我国古代并没有将国家经济收支的基本问题列入法治化管理范畴。

上下级政府间转移支付的实际需求是经常存在的，虽然囿于具体史料的缺乏并不能找出更多这种具体的需求，但是转移支付的现象是客观存在的。即使没有明确、稳定的法律规定，也还是有相关的制度的，这也算经济法的范畴，属于国家财税基本制度的设置。

**2. 国外古代的转移支付经济法**

在古巴比伦王国的乌尔第三王朝时期，皇帝与下属官吏之间的财政关系也体现了间接的转移支付的特征。古代苏美尔人曾经有过一种"皇帝经济"，"皇帝的土地以小份地的形式分配给战士和官吏，用以报偿他们的劳务……一位亚述官吏向国王申诉总督夺去他的服役份地，他说：陛下我主知道我是穆什根努，担任王国公务，不离宫廷；请将我的田地归还给我以免我饥饿而死"。[1] 这些接受皇室土地转移支付的人当时被称为皇室佃农。他们不曾从皇帝手中接受资金，但是当时土地就是最大的收入来源，赐予土地实际上就是赋予收入。这反映的是古巴比伦王国存在的皇帝与官吏、军人之间的财政分配关系，下属官吏、军人等接受公务，所需资金由皇帝拨付的小块土地的产出支付。这可能是人类历史上非常早的转移支付经济形式，当然属于古巴比伦王朝国家的经济法规范。

古罗马为了维护帝国的中央权威和财力，建立了行省制度。古罗马只要

---

1. 童书业：《古巴比伦社会制度初探》，山东人民出版社，1957 年版，第 15、24 页。

建立了新的海外领地，就会以建立行省的方式管理海外领地。实际上这就是中央派出少数管理者入驻行省，然后实行地方自治，所需的财力均由地方的税收满足。据统计，公元前241年到公元前133年，古罗马在地中海区域相继设立了西西里、科西嘉－撒丁尼亚、山南高卢、亚细亚等九个行省。"中央权力向基层细渗的结果是地方自治，中央政府只是确定城镇及周围地区的税金总量，余下的事由地方官决定……由于罗马帝国行省精英行政管理者极少，因此，相对来说，罗马政府用在军政官员及公务员、将士的花销很少。"[1]古罗马用行省制度划分了中央与地方的财政收入，地方的财力用固定的方式获得，而这种固定的方式是中央以行省制度的方式确立的，这是一种政治经济的基本制度，当然包含着经济法的内容。由此我们发现，经济法规范蕴含在很多政治经济体系之中，绝不仅仅是干预或管理经济那么简单。

古埃及也存在上下级政权之间财力配置的转移支付制度。很多经济制度在古代社会都能找到痕迹与证据，这就是古代各种经济制度中都存在经济法的有力证明。

古埃及第十八王朝宰相莱克米拉的坟墓铭文充分证明了宰相在赋税管理上的职能，"根据该文献记载，宰相不仅要监督从各种官吏手中征收和签收的赋税，而且要与财政部门的官员会商，以确保准确掌握每一个行政部门的财政状况……根据第三王朝时期的财政长官派赫迈菲尔的坟墓铭文记载，国家财政不仅要支持中央政府的日常开支，也要支持孟菲斯地方组织的日常所需，同时还要为军事要塞以及由战俘和商人组成的外国人聚居区提供给养……甚至那些修建王陵的工匠们的工资也是由国家财政支付的"。[2]这份证据清晰地表明了国家财政对地方政权的转移支付，同时还包括国家对被救济者和民工的转移支付，相当于现代国家对企业、消费者和居民的转移支付。这样看来，古埃及的财政分配体系很完整，也很发达，在今天的转移支付制

1. 隋竹丽：《古罗马中央政权、皇权与税金流动的关系》，《经济研究导刊》，2014年第36期。
2. 郭丹彤：《论古代埃及的赋税体系》，《东北师范大学学报》（哲学社会科学版），2016年第3期。

度中能看到其影子。这是非常古老的财力配置制度经济法，它保障了国家利益，体现了国家意志。

古代的英格兰也存在有关转移支付的痕迹。"英格兰王国的中央集权化过程可追溯到9世纪末至11世纪初。其间，威塞克斯王国的历任国王自命为全英格兰的统治者，并且为从制度上确保自己的权力而创建了一个有效的地方行政系统。11世纪末，征服者诺曼人在很大程度上保留了盎格鲁—撒克逊人的政府系统，从而大大促进了中央集权行政机构的发展。在亨利一世治下（Herry I,1100—1135年）首次设立了财政署，以对国王的地方代理人郡守的收支进行审计。"[1]这说明在当时的英格兰，地方财力是由中央政府统一保障的，无论是固定的财力还是机动的支持，反映的都是一种中央对地方的转移支付的财政经济关系。

古代的法国就几乎见不到这种统一的转移支付经济制度。"中世纪法国这个君主国从未对法国各地实施过有效的控制，我们无法简要概述法国王室财政演化的地域框架……法王并不能在普查覆盖的广阔领土上统一行使有效的财政权力。"[2]

可见，古代社会的财政转移支付经济制度难以找到相对应的明确的法律条文或规定，但在事实上是明确存在的。

## 二、近现代的转移支付经济法

### 1. 中国的近现代转移支付经济法

近代中国自晚清以来政局动荡，制度变革激烈，在财政转移经济制度上也是如此。

---

1. 理查德·邦尼：《欧洲财政国家的兴起（1200—1815）》，沈国华译，上海财政大学出版社，2016年版，第18页。
2. 理查德·邦尼：《欧洲财政国家的兴起（1200—1815）》，沈国华译，上海财政大学出版社，2016年版，第98、99页。

　　辛亥革命取得胜利后，各省纷纷独立，不再从财政上依附于中央。1914年北洋政府颁布了《国家税与地方税税法草案》《国家费目与地方费目标准案》，[1] 试图构建近代中国的财政分税制。但是，以上法案对中央和地方的财权与事权匹配严重不符，地方财力无法得到有效补充，因此遭到极力反对，无法实施。该法之中的经济法规范明确了中央的绝对收入，却难以通过转移支付制度对地方的不足部分进行考虑，导致中央与地方利益分配不均，必然难以实施。1923年曹锟政府颁布了《天坛宪法》，以经济法规范的方式将田赋这一块划归地方，试图通过固定的分税经济法制度解决地方财政薄弱的问题，但是随着曹锟政府的垮台，《天坛宪法》也没有实施。[2]

　　到了国民政府时期，中央与地方的财税分配经济关系进一步在经济法中被改进。"1928年国民政府颁布了《划分国家收入和地方收入标准案》和《划分国家支出和地方支出标准案》，在将主要税源收归中央的基础上，也给予地方一定财权，同时采取补助金制度，以兼顾各地区财政不均衡现象。1935年，国民政府颁布了《财政收支系统法》，对各级政府财政收支的划分、配置、调整等明确进行规定，并按收益范围划分了不同财政支出项目，可看作现代财政转移支付的法律渊源。"[3] 从以上专门化的财税经济法规定中可以看出，现代分税制在国民政府时期已经初步建立，中央与地方的收入划分已经法定化，并且确立了转移支付制度的明确内容。"补助金"制度这一转移支付经济法制度尤其令人瞩目，让我们看到了现代中国转移支付法律制度确立的开端。

　　新中国成立后，经历了统收统支，统一领导、分级管理，包干制和现代分税制几个基本的发展阶段，中央向地方的补助模式一直存在，这是典型的转移支付经济制度。

---

1. 马金华、钱婧倞：《集权与分权：近代中央与地方财政关系变迁》，《创新》，2014年第4期。
2. 北洋财税制度研究课题组：《北洋时期中央与地方财政关系研究》，《财政研究》，1996年第8期。
3. 周道康：《治理视角下的财政转移支付制度研究》，厦门大学硕士学位论文，2017年。

我国 1994 年《预算法》中明确规定了财政分配体制为分税制，开始逐渐建立分税制基础上的财政转移支付制度，也从法律上开始使用转移支付概念，自此我国构建了法律概念清晰的中央与地方转移支付经济制度，这是我国财税经济法发展史上的一个重要的里程碑。

我国 1995 年开始实行《过渡期转移支付办法》，此后的多年间，我国不间断地对转移支付制度进行完善和改革。2008 年，财政部颁布《农村税费改革中央对地方转移支付暂行办法》。自 2009 年起，我国开始进一步规范转移支付制度，逐步建立起包括原体制补助或上解、税收返还、一般性转移支付和专项转移支付等项目在内的双向资金转移支付制度。2010 年，财政部下发《关于建立和完善县级基本财力保障机制的意见》（财预〔2010〕443 号），要求进一步完善省以下财政体制。2014 年 9 月 26 日，国务院颁布《国务院关于深化预算管理制度改革的决定》（国发〔2014〕45 号）；2014 年 12 月 27 日，国务院印发《关于改革和完善中央对地方转移支付制度的意见》（国发〔2014〕71 号），针对中央和地方转移支付制度存在的问题和不足，提出了改革和完善转移支付制度的指导思想、基本原则和主要措施。2015 年 9 月 29 日，财政部印发《中央对地方专项转移支付绩效目标管理暂行办法》（财预〔2015〕163 号）；2015 年 12 月 30 日，财政部印发《中央对地方专项转移支付管理办法》（财预〔2015〕230 号），为我国转移支付体系增加了一个重要组成部分，使我国转移支付制度不断完善，涵盖了基本财力保障、公共服务和民族艰苦边远地区补助等内容。2018 年国务院办公厅印发了《基本公共服务领域中央与地方共同财政事权和支出责任划分改革方案》（国办发〔2018〕6 号）。

这些接力棒式的转移支付法律法规逐渐架起了现代中国中央与地方财政转移支付经济制度的基本结构，不断地推进实行更加合理的财力分配制度，使得事权与财权在动态变化中有明确的法律依据，提升了国家现代化的治理能力，这是财税经济法治化的重要体现，是我国政治经济法的进步，是典型的中央与地方分配经济法的表现。

**2. 国外的近现代转移支付经济法**

英国最早建立了现代财政转移支付法律制度。"地方税不足，中央政府还通过给予专项补助弥补缺额。这一措施始于 1835 年，起初主要是用于支付地方刑事诉讼和将犯人转运至港口的运输费用，规模不大。随着时间的流逝，专项补助项目越来越多。1849 年，中央政府开始向济贫法监护人支付薪水；1857 年，中央政府承担了省级警察 25% 的薪水和着装费用；1865 年，中央政府向伦敦市消防队提供了专项补助；1874 年，中央政府向收容所给予贫穷精神病患者的护理提供了专项补助；1887 年，中央政府支付了 25% 的主干道路维护成本。"[1] 这就是现代世界历史上最早建立的财政转移支付制度的雏形，它将中央政府与地方政府间的财力划分制度化、国家经济收入配置法律化，属于典型的国家中央与地方经济分配的经济法。这使得英国 1840 年颁布的《低收入地方税豁免法案》所批准的地方征收模式得以完善，法案限制的地方财力可以通过中央政府转移支付弥补。

在美国，19 世纪初"就存在着联邦政府向州和地方政府实行转移支付的制度。当时采取的形式有两种：一是将联邦预算结余补助给州和地方政府；二是对土地的开发和使用实行补贴。受当时条件的限制，补助主要是为了调剂联邦、州和地方政府之间财力余缺，转移支付尚不足以成为体现联邦政府政策意图的有效手段"[2]。

在加拿大，"19 世纪中叶，加拿大联邦政府成立之初，对三级政府的事权与财权就做了原则上的划分。但由于加拿大地区财政能力的差异相对较大，横向财政不平衡现象十分严重，因此，特别需要通过财政转移支付来解决"[3]。

---

1. 梁发芾：《一战之前的英国地方税改革》，《深圳特区报》，2020 年 9 月 8 日。
2. 徐阳光：《财政转移支付制度的法学解析》，北京大学出版社，2009 年版，第 53—54 页。
3. 徐阳光：《财政转移支付制度的法学解析》，北京大学出版社，2009 年版，第 48 页。

澳大利亚联邦在 20 世纪初成立的时候也建立了类似的财政转移支付制度。

德国从 20 世纪 50 年代开始建立财政转移支付制度，"其财政转移支付制度主要规定在《财政平衡法》中。值得注意的是，德国的财政转移支付形式与其他国家不同，不但联邦应按照法律向州及地方政府进行转移支付，而且富裕州或地方政府也应该根据法律向其他落后州或地方政府进行转移支付，经过半个多世纪的变迁，已形成比较规范的、行之有效的转移支付制度"。[1]

这种法律规范的性质不是行政法就可以全部涵盖的，其体现实体的基本经济关系的内容当然属于经济法性质。其直接体现了国家的利益，反映了国家的意志，完全符合法的定义。

# 第五节　政府采购经济法

## 一、古代的政府采购经济法

### 1. 我国古代的政府采购经济法

政府采购经济法实际上应该叫国家采购经济法。因为政府在法律上的定义目前常被认为是行政机构的化身，但是从各国的法律来看，政府采购体现的是国家采购，包含着行政机构以外的大量的权力部门或其他组织机构的采购，所以政府采购经济法叫国家采购经济法更加准确、恰当。首先，国家采购是国家本身的需要，国家机器的运转需要大量的人、财、物。其次，国家购买也可能是为了维护市场正常的竞争秩序，如平抑物价、均衡供求、应急救援等。

我国古代就有这种现象存在。

---

1. 倪志龙：《财政转移支付法律制度研究》，西南政法大学博士研究生论文，第 6 页。

西周时就出现了政府在市场上收购一些多余的物资，以减少供大于求造成的价格大跌。《周礼·地官·廛人》记载："凡珍异之有滞者，敛而入于膳府。"意思是珍奇异兽供大于求时，政府买来供入膳府。

《太平御览》记载："秦始皇四年七月，立太平仓，丰（粮食丰收）则籴（买入），欠（粮食歉收）则粜（卖出），以利民也。"[1]这说明在秦朝时政府对粮食市场也进行过干预，通过政府买卖的方式调剂余缺，稳定价格，起到了宏观调控粮食市场的作用。

西汉元鼎二年，即公元前115年，汉武帝的大农丞桑弘羊试行均输法、平准法。平准，就是平抑物价，在首都开设仓库，统一掌管天下货物，物价便宜就买进，物价昂贵就卖出，使市场价格稳定在一定水平上，以保证物资供应，国家财政获得一定收入，商贾无法从中抬价居奇、牟取暴利。这样的制度和法律属于典型的国家采购经济法，目标明确，既满足了国家机器运转的需求，也满足了宏观调控市场的需求，一箭双雕。这些属于很明确的国家采购经济法制度，既涉及国家的支出行为，又涉及国家的市场干预行为。

从中唐开始，"价格公平、买卖自愿这一原则被完全破坏，政府常常强行和籴（dí）"，[2]就是强买的意思。白居易的《卖炭翁》一诗就反映了这种强买的情形：

> 翩翩两骑来是谁？黄衣使者白衫儿。
>
> 手把文书口称敕，回车叱牛牵向北。
>
> 一车炭，千余斤，宫使驱将惜不得。
>
> 半匹红绡一丈绫，系向牛头充炭直。

两位黄衣宫使自称根据皇帝的命令，强行用绡、绫等布匹充抵了老翁的一车炭钱。由此可见，当时的政府采购制度不规范，随意性极强，不遵守基本的买卖公平原则。

---

1. 梁彦杰、高志远：《我国古代的"政府采购"》，《政府采购信息报》，2009年9月27日。

2. 马海涛、马金华：《我国古代政府购买的历史变迁及对当今改革的借鉴》，《中国政府采购》，2010年No.108（05）。

宋朝建立了重要的国家采购基本经济制度，不仅确立了购买的预算和计划制度，"为了控制购买数量和种类，天圣五年（1027）实行了采购目录编制制度"，政府对许多常规性购买任务都逐步建立了先期计划的制度，[1] 既考虑财政预算的计划性，又考虑市场的承受力，这与现代的公共预算采购有类似之处；还建立了对价格的"时估"制度，即官方通过对市场的调查实时估算市场价格的波动情况，这一点明确体现了国家对价格的熟悉情况；还实行了招标承包的"买扑制"，就是以公开招标投标的方式进行采购，这与现代的政府采购法的基本原则有些类似。

这些法律或制度体现的都是如何实现国家的直接利益，同时又考虑国家支出的特殊性，对国家财富进行合法的盘算，以实现国家的政治经济目标，反映的是国家采购经济法的基本性质。

"元朝政府为保证军需，或赈济灾荒，也常常官为和籴，但这时大多是强制性的。到明清时期，随着商品经济的发展，和籴的强制性逐渐减弱，但官吏克扣、给价不足等弊端仍无法根除。"[2] 这种国家采购制度体现出严重的不对等原则，虽然体现的是国家利益和意志，但是破坏了起码的公平原则。

除此之外，古代还有和买或和市制度，范围很广，涉及牲畜、丝织品、建筑材料、柴草、蔬菜等，其更多地体现了和平买卖的意愿。

**2. 国外古代的政府采购经济法**

在国外，古时候政府采购是常有的事情，必然有其相应的制度相伴。

古埃及法老陵墓——金字塔的建设，需要征用大量的工匠、民夫，虽然很多是作为劳役支付，但是仍有大量的劳务、工程材料需要政府采购。他们早在公元前2500年就对供应材料与工人建造金字塔时的注意事项进行有序管理，甚至设置了书记员职位，将金字塔建造中所需的材料及工程进度逐一

1. 马海涛、马金华：《我国古代政府购买的历史变迁及对当今改革的借鉴》，《中国政府采购》，2010年 No.108（05）。
2. 马海涛、马金华：《我国古代政府购买的历史变迁及对当今改革的借鉴》，《中国政府采购》，2010年 No.108（05）。

备案。"按照保守的估计，修建一座金字塔大约需要 7 万名劳力。这些劳力几乎可以肯定是季节性参加修建工作。每年夏季几个月是尼罗河泛滥的季节，此时农民无事或没什么事可做，因而可以受雇从事大型建筑工程而不误农时。"[1] 这说明古埃及时期存在公共工程雇用劳力的情况，虽然有劳役、宗教等精神因素包含在内，但是国家出资采购的情况是普遍存在的。

古印度孔雀王朝时期，"政府开办了农场、船厂和兵工厂，雇佣贫穷的妇女进行纺织……除了给印度广大地区带来稳定，旃陀罗笈多还在兴建和改善公共水利工程及建设道路上广受赞誉，其中有一条连接首都与西北边陲的皇家大道，长度为 1200 英里"[2]。这说明古印度公共工程雇佣关系的存在。政府需要通过采购获得劳动力，这就属于政府采购经济。但是有关其法律制度的记载很少，只能说明古印度存在这样的采购经济制度，却无法明确其内容细节。

古罗马修建了巨大的公共工程，如神庙、斗兽场，还修建了粮仓，修筑了道路、港口、发达的排水系统。这些公共设施的遗迹很多在今天还能看到。当初修建时无论是原料还是劳务，都需要国家出面进行采购。盐野七生所著的《罗马人的故事Ⅲ——胜者的迷思》一书记载了这一点。公元前 123年，当时的保民官格拉古兄弟中的弟弟盖乌斯首创了《小麦法》，提出由国家收购一定数量的小麦，再将其以低于市场的价格配售给穷人。"当然这不是要实行统制经济，国家收购以外的小麦仍由自由市场交易定价。据后世研究者考证，盖乌斯《小麦法》规定的国家收购价大约为市场价的二分之一。配给对象为居住在罗马的贫民，每一户主每月配给 5 摩第（1 摩第约等于 9 升，合计为 45 升左右）小麦，1 摩第小麦的配给价是 6.3 阿斯。"[3] 古罗马还通过了《公共事业法》，兴建了桥梁、公路、上下水道、港口等基础设

---

1.［美］菲利普·李·拉尔夫等：《世界文明史》（上卷），商务印书馆，1998 年版，第 100 页。

2.［美］菲利普·李·拉尔夫等：《世界文明史》（上卷），商务印书馆，1998 年版，第 175、176 页。

3.［日］盐野七生：《罗马人的故事Ⅲ——胜者的迷思》，中信出版社，2012 年版，第 49 页。

施，既振兴了公共事业，又解决了就业问题。"例如后来建设的以罗马为中心、联通欧洲、中近东、北非的公路网，再如从首都罗马开始，每隔 1 罗马里（约合 1.5 公里）修建 1 座标明此处距罗马距离的圆柱形大理石里程碑，这些设想都是在《公用事业法》中首次明确提出的。"[1] 这些购买行为就是典型的国家采购行为，反映了国家采购经济在古罗马时代的特点，属于国家采购经济法范畴。

在中世纪，随着教会大兴土木、军队不断发起战争，公共采购也进入了一个新的发展时期。

上述史实说明，国家采购经济法古已有之。

## 二、近现代的政府采购经济法

### 1. 中国的近现代政府采购经济法

"洋务运动"最先开始了我国近代政府采购行为。清政府需要国外先进的武器和设备，因此最早通过洋行建立了采购渠道。"洋行在中外贸易中建立了较完善的购运体系，通过他们来置办海外采购可以更加的灵活和快捷。因此清政府与信誉较好的洋商建立了稳固而长期的联系。另外，清政府通过对各洋行'所定草合同抄呈钧览'，清政府利用不同洋行之间的竞争，可以降低购买成本和提高所采购货品的质量。但另一方面，洋商是为了追求高额的利润而跟清政府交易的，他们往往勾结起来抬高价格，大肆对清政府进行敲诈，同时把清政府所委托他们采购的产品以次充好，这些都是清廷通过洋商采购的不利方面。"[2] 后来清政府改变途径，与洋商直接联系，或者找值得信任的洋员代理，但是仍然存在很大问题。后又通过派遣留学生、驻外公使等渠道进行采购。此时的采购主要是通过协商方式进行的，清政府缺乏统一

1. ［日］盐野七生：《罗马人的故事Ⅲ——胜者的迷思》，中信出版社，2012 年版，第 50 页。
2. 贾伟川：《洋务运动时期海外军用设备采购的途径》，暨南大学硕士学位论文，2005 年，第 15 页。

的专门制度立法，采购经济的法律规范较少，被欺瞒、被贪占的资金很多。

北洋军阀时期出现了政府采购军火的需求。1895 年 12 月，袁世凯主持小站练兵时，在原有枪械的基础上，又经德国退伍军人汉纳根之手，新购进曼利夏步枪 5400 支、曼利夏马枪 700 支、六响手枪 1000 支、五十七厘米格鲁森快炮 40 尊、步官挂刀各 500 柄，用于充实其军队装备。[1]

民国时期也存在很多政府采购现象，只是缺乏统一的政府采购立法，也没有统一的现代政府集中采购的国家采购法律制度。在民国初期，我国就开始了由征粮向政府采购粮食转变的历史。"1929 年，江西多数县遭受灾害，粮食收成锐减。省政府电令各受灾各县紧急平定市场粮价，安定居民生活，并督促受灾县向市场采购粮食救灾济荒。1933 年，赣南部分县发生粮荒，米谷售价昂贵，省政府令财政厅筹款，从粮产区采购大米 22 万余石、稻谷 7700 余石，运至灾区供应。1935 年，全省各地连年灾荒，省政府继续安排向产粮区采购米谷。采购的方法是：划定区域，规定价格，劝导农民踊跃出售。当年下半年至 1937 年上半年的 2 年中，共采购粮食 33.8 万余石。"[2]

### 2. 国外的近现代政府采购经济法

欧洲工业化城市的兴起，导致政府更多依赖于私人供应商提供的货物、工程与服务。这一切一直延续到 18 世纪末。

18 世纪末英国率先创建了专门管理采购事务的机构。"1782 年英国政府设立文具供应局，采用公开招标的方式，规定了一整套政府采购公开、竞争的程序及规章，开了政府采购的先河。"[3] 这里介绍了英国现代采购法律制度最早建立的时间，但并不是此时才开了政府采购的先河。古代英国历史上一直都存在类似政府采购的制度，只是 18 世纪这种现代集中采购的法律制度是一种制度创新。

---

1. 参见 http://k.sina.com.cn/article_7034212409_1a345903900100mvuc.html。

2.《粮油市场报》，2020 年 9 月 17 日。

3. 姜仿其：《政府集中采购制度的历史嬗变和发展趋势》，《商场现代化》，2006 年 4 月。

美国政府采购的历史可以追溯到 1792 年，国会对政府采购的立法始于 1809 年。当时的法律规定，联邦政府采购合同要通过竞争方式订立。随着形势的变化，国会不断出台有关政府采购的法律，但并没有一部统一的政府采购法。直到 1949 年，美国才逐步完善了政府采购法律体系，确立了集中采购的管理体制，建立了较完善的政府采购制度。其中，影响较大的主要有《武器装备采购法》（1947 年）、《联邦财产和管理服务法》（1949 年）及对其修订形成的《合同竞争法》（1984 年）、《联邦采购简化法》（1996 年）、《小企业法》等。[1] 美国的国家历史虽然很短，但是其采购经济法却很早就出台了。

# 第六节　国家分配经济法的部门属性分析

## 一、分配经济中的经济法

在上述论述中可以看到，预算行为是一种国家政治经济行为，绝不仅仅是行政行为，作为国家分配经济法中的预算经济法，不能仅被定性为行政法。从逻辑上讲，首先需要明确"行政"一词的含义，然后才能明白行政只是国家政治经济行为的一个组成部分。行政从政治中分离出来应该起源于三权分立的思想。

1690 年，英国的约翰·洛克发表了《政府论》一书，将国家权力分为立法权、行政权和对外权，奠定了近代西方分权政治法律理论的基础，并首次明确提出将行政从政治中剥离出来。

1748 年，孟德斯鸠在《论法的精神》中指出："每个国家都有三种权力：立法权、适用万民法的执行权、适用公民法的执行权……人们把第三种

---

1. 参见 https://www.sohu.com/a/447046553_100292780。

权力称作司法权，把第二种权力则简单地称作国家的行政权。"[1]

这说明，"行政"一词的出现明确了人们对国家权力内部结构的深刻认识，为清晰概括出行政法概念和法律部门思想奠定了基础。

在分权理论和观念的影响下，国家的权力在现实中也逐渐体现出分权结构。法国1799年成立最高行政法院，虽然还没有颁行现代的专门化的行政法，但是现代行政法实际上已经出现了。通过行政案件的审理与判例研究，现代行政法思想形成了，与古代行政法大不相同。既然古代没有行政的概念，当然也就不会有行政法的概念了，而只有行政法部门的现象。马卡雷尔1814年出版的《行政判例要论》就是上述思想的典型代表。维因1845年出版的《行政研究》一书，首次将行政法分为总论（总则）和各论（分则）两大部分，将现代行政法思想明确表达出来了。

考察现代行政法概念的形成发现，明确表述行政是政治组成的一部分只是近现代社会的事情。行政对于国家的基本宪法政治制度、基本民事制度、基本商事制度、基本经济制度、基本社会制度只具有执行层面的权力。行政法无法容纳这些具体的国家制度，只是在这些国家的基本制度落实时需要其来规定很多实施性的法律制度，例如制定专门化的行政管理、监督行政机构的法律，再如制定登记、许可、监管、备案、处罚等法律，这才是行政法部门的本质，很多基本的国家制度只能在其他法律部门中予以明确规定。

## 二、分配经济法分析

下面从各个分配型经济法角度做出分析。

### 1. 以我国现行的《预算法》为例

我国现行的《预算法》规定了很多重要的基本经济制度，如第一章第三条规定了五级预算制度，第四条到第七条规定了复式预算的基本类型，第

1.［法］孟德斯鸠：《论法的精神》，许明龙译，商务印书馆，2012年版，第187页。

十五条规定了基本的财政经济体制——分税制，第三章详细规定了预算收支的范围与内部各要素之间的相互关系，这些都是典型的涉及国家预算经济的基本制度，属于典型的经济法范畴。

我国现行的《预算法》第二十条至第二十三条中，明确规定了人民代表大会的管理职权，它是一种国家的经济职权范畴，是对国家的收支经济行为进行规范的基本制度，属于经济法范畴。

**2. 以我国现行的财税制度为例**

《增值税暂行条例》明确规定了增值税的征税范围、税率，非常清晰地规定了国家设定增值税获取国家收入的范围，划定了具体的征税对象，核定了需要适用的税率，设定了一系列关于征税对象的细节，包括概念规定、计算公式设定以及征税的时间要求、地点要求，以便使征税对象完全进入可以操作的法律制度平台。这些被称为税收实体法的法律法规体现的都是国家如何设定自己的"第一经济"收入来源，性质很直观，就是国家获得经济收入的经济法。

我国《资源税法》第六条规定："有下列情形之一的，免征资源税：（一）开采原油以及在油田范围内运输原油过程中用于加热的原油、天然气；（二）煤炭开采企业因安全生产需要抽采的煤成（层）气。"该条体现的是国家对经济收入的处置意见，有些特殊环境下的油气资源可以免征资源税，给了企业特殊的关照，明确了国家收入的标准。作为法律规范的组成部分，该条款的性质属于经济法类。

我国当前的财税制度很大一部分内容体现的都是国家"第一经济"收入，着实体现的是一种经济法特性。实际上，现代社会在这一点上与古代社会是一脉相承的。

古印度的《摩奴法典》第五篇，专章规定了"赋税"，"第Ⅶ.127：考虑了买卖的价格，道路的距离，食物与调味品的用费以及商品保管费以后，国王需使商人纳税。第Ⅶ.128：在考虑了以后，国王须经常在国内规定赋税，使国王和生产者得以享受报酬。第Ⅶ.129：像水蛭、牛犊与蜜蜂慢慢地摄取自己的食物一样，国王须渐渐地征收年税"。[1]这一段法律规定反映的是征税考虑的负担因素，征税的制度化及其性质，是要说明征税的合理性和度，是为维护国家经济利益而确立的经济法律规范，是一种非常透彻的经济法。这与我国现代的财税制度的性质是相同的。免征资源税的条款表明的是国家的经济态度，是在确定国家经济收入时合理地考虑负担因素和实际情况，以使得征税更加合理和有度。我国现行的十八个税种涉及的规定与规范，有大量的内容体现的都是这种性质。规定国家税收的范围、考虑的负担因素，具体裁量收入的计算公式，这些都属于国家经济行为的范畴，是具体的经济法内容。

**3. 以我国现行的转移支付制度为例**

转移支付制度主要是规定中央与地方政府或者上下级政府之间财力支持的法律，属于国家分配财力的经济权力方面的法律，很多内容都属于经济法。

例如，我国《预算法》第六条规定，一般公共预算是对以税收为主体的财政收入，安排用于保障和改善民生、推动经济社会发展、维护国家安全、维持国家机构正常运转等方面的收支预算。中央一般公共预算包括中央各部门（含直属单位，下同）的预算和中央对地方的税收返还、转移支付预算。中央一般公共预算收入包括中央本级收入和地方向中央的上解收入。中央一般公共预算支出包括中央本级支出、中央对地方的税收返还和转移支付。这个条款明确了一般公共预算的性质和构成，也就明确了转移支付的地位和性质，这就是其作为经济法律规范的表现，表明在国家财力支出方面中央与地方政府之间除了分税收入之外，还需要转移支付经济制度，以满足地方政府实现统治的需要。

再如，我国《过渡期财政转移支付办法（1999）》中规定：一、过渡期财政转移支付的基本原则。过渡期财政转移支付遵循以下基本原则：（一）不调整地方既得利益。中央财政从收入增量中拿出一部分资金用于过渡期财

---

1. 法学教材编辑部:《外国法制史资料选编》（上册），北京大学出版社，1982年版，第111页。

政转移支付，逐步调整地区之间的利益分配格局。（二）力求公平、公正。过渡期财政转移支付以各地标准财政收支差额作为计算转移支付的依据，支大于收的差额越大，补助越多，体现公平原则；转移支付全部选用客观因素计算标准收支，各地采用统一公式，不受主观因素影响，体现公正原则。（三）突出重点，体现对民族地区的照顾。过渡期转移支付重点帮助财政困难地区缓解财政运行中的突出矛盾，逐步实现各地基本公共服务能力的均等化；同时，对民族省区和非民族省区的民族自治州适度倾斜，以体现党和政府的民族政策。该规章制度很明显体现的就是一种中央政权对地方政权财力支持的法律原则，是一种具体的财力补充原则，具有强制力，体现财力分配的国家意志，是治国理政的一种具体措施，只是体现在相应的法律法规之中，展现的就是一种经济法特征，是一种实实在在的国家经济法。

这类规定在转移支付法律法规之中比比皆是。当然，其中涉及行政组织与程序的内容，则属于行政法范畴。

**4. 以我国现行的政府采购法为例**

前文已提到，政府采购在实践中就是国家采购，不仅仅是行政部门的采购，其体现的是一种国家需求和财力支出方面的经济法。

例如，我国《政府采购法》第二十六条规定，政府采购采用以下方式：（一）公开招标；（二）邀请招标；（三）竞争性谈判；（四）单一来源采购；（五）询价；（六）国务院政府采购监督管理部门认定的其他采购方式。

公开招标应作为政府采购的主要采购方式。该条明确了政府采购的法定方式，与私人主体采购截然不同，国家采购需要考虑的因素比私人采购复杂得多，确定这些方式和途径就是考虑到了这一点，公平、公开、公正、效率、竞争性等都存在，而私人采购则无须考虑得这么复杂。这样就体现出国家经济的特殊性。公与私是现实人类社会中极为普遍的划分方式，公共财富的支配需要公开、透明、稳定的法律制度予以保护。这就是国家经济意志的反映，是经济法的属性。

在这些问题之中，政府采购合同的问题最为显眼。对于这种合同性质的认识就能体现出政府采购法不同于一般的民商法。我国《政府采购法》第四十三条规定，政府采购合同适用合同法。采购人和供应商之间的权利和义务，应当按照平等、自愿的原则以合同方式约定。可以看到，政府采购合同仍然具有民商合同的性质，但是却有了很强的公共属性。该法第四十五条规定，国务院政府采购监督管理部门应当会同国务院有关部门，规定政府采购合同必须具备的条款。这一条对合同的自由进行了公法限制，由公共利益来考量其自由原则的法度，所以在实践中因政府采购合同发生纠纷的，司法部门处理起来比较棘手，法律问题较多。在实践中，立案时就出现分歧，这种纠纷是属于民商事纠纷还是行政纠纷呢？2019年《最高人民法院关于审理行政协议案件若干问题的规定》第二条规定了行政协议纠纷的范围，但是不包括政府采购协议，说明国家的采购行为是一种特殊的国家经济行为，即使是政府采购合同，也只是具有经济法条款的特殊民商事合同，而不能列入行政合同范畴。

例如，在某政府采购合同中有监督和管理条款：（1）合同订立后，双方经协商一致需变更合同实质性条款或订立补充合同的，应先征得政府采购监督管理部门同意，并送其备案。（2）甲乙双方均应自觉配合有关监督管理部门对合同履行情况的监督检查，如实反映情况，提供有关资料；否则，将对有关单位、当事人按照有关规定予以处罚。（3）甲乙双方如因违反政府采购法及相关法律法规的规定，被宣告合同无效的，一切责任概由过错方自行承担。

上述合同前两个条款属于行政法性质，但是第三个条款包含经济法因素。如果没有采取法定的要求、标准、方式和程序，合同可能会无效。因为政府采购涉及国家利益，是公共财产的范畴，不能完全像普通的民商事合同一样对待。比如政府采购合同中能否约定仲裁条款就是问题，现实中争议特别大，案例也很少，原因就是这种合同涉及行政法和经济法的因素，完全按照民商事合同或者行政合同对待都有逻辑上的欠缺，必须考虑其中的经济法因素。

# 第四章　国家经营经济法

## 第一节　国有或国营的性质

本书认为，国家"第二经济"应为国有或国营经济。与国家财政相关的经济被本书称为"第一经济"，原因在于其直接关系国家收入与支出，对国家来讲是最关键的经济形式。

自古以来，无论是"公天下"还是"家天下"，国营经济一直都或多或少存在，目的是占领重要的经济行业，获取除税收外的重要国家收入，以满足国家的需要，保护民生，防止过度竞争或投机给国家经济秩序带来毁灭性的打击。

在王权或皇权的专制时代，官营经济一直都存在，既为满足国家公共机器的需要，也为满足"家天下"的私人集团的需求。在那些时代，人们会很明确地将官营等同于国营。

进入"公天下"时代，人民主权思想盛行，公共利益的满足需求成为社会的主流，国营收入完全归于国家财政收入，成为国家的重要经济来源。这是国家通过合理合法的方式进行生产、贸易，以"做生意"的方式参与商品市场的营利竞争，是一条堂而皇之的收入渠道，被社会普遍接受与认可。只是有时当局会利用政权霸占市场、巧取豪夺，如国民政府四大家族的官僚经济体，利用政治特权严重破坏了市场的公平竞争原则，不被社会认可与接受。除此之外，一般情况下，国营经济都会成为国家经济收入的拿得出手的途径。

# 第二节　国家国有或国营经济法概况

## 一、中国的国有或国营经济法

我国自夏朝就出现了世袭专制的王朝政权国家。据说舜时代就有了统一的政权，尧、舜、禹的禅让传说时代就有了官营的制陶行业，但是并没有发现明确的记载。夏商时代的官营行业也未发现明确的记载，但是随着考古学的不断进步，相信这一块的情况会逐渐明朗。"从文献记载来看，夏朝土地是王有，即国有制。所谓王有，实际是私有制的一种形式，它是从氏族公社公有制直接演变而来的，这正是人类社会刚刚进入阶级社会初期，家国不分的'家天下'的特征之一。"[1] 从土地这个最重要的生产元素入手，国家实行了国有制，虽然王权可以被理解为私有的含义，但是其终究代表的是国家，所以王有是第一个阶级社会中的公有制。

商王朝确立的井田制，一直被认为是我国历史上公有土地经济法律制度的典型代表。

西周时的土地仍属王有，《诗经·北山》有云"溥天之下，莫非王土"，这是井田制经济法制度。

我国古代最早的有关官有或官营行业的记载是从战国时代的齐国算起的。著名的财经作家吴晓波指出，中国历史上有四项基础性制度创新，郡县制度、尊儒制度、科举制度和国有专营制度，认为中国历史上一直在经济上

---

1. 张晋藩总主编，蒲坚主编：《中国法制通史》（第一卷），法律出版社，1999 年版，第 111 页。

实行重要资源的国营化垄断，以控制国计民生。[1]

目前，经济史学界一般认为，关于国有或国营的文献记载始于齐国的《管子》。《管子》认为，盐、铁、森林、水泽等都是关系国计民生的重要自然资源，"为人君而不能谨守其山林、菹泽、草莱，不可以立为天下王"[2]，故主张由国家控制和垄断这些自然资源，以保障国家的财政收入，抑制民间对资源的过度开采和恶性竞争行为，加强对社会的控制。其中特别提到了"官山海"政策，即"由国家垄断山海之利，对盐铁实行垄断经营……《管子》主张对食盐实行专卖制度，对矿山资源则实行国有化原则"。[3]国有或国营经济政策在管仲任相的齐国得到了首启。管仲制定政策，将渔业、盐业、林业、矿业统一收归国家掌管，为齐国迅速积累了巨大的财富，奠定了其成为春秋五霸之首的经济基础。自此之后，历朝历代都存在官营行业或者国家占有重要的经济资源。

汉朝的桑弘羊继承了这种思想。公元前119年，桑弘羊等向汉武帝提出盐铁官营法的提案，盐的官营采用募民煮盐而官府专卖的做法；铁的官营则由官府彻底垄断，汉武帝批准了这一方案。[4]他还奏请汉武帝实行酒榷（酒类专卖），由官府对酒类实行专营，以独占酿酒和销售酒的利润，获取大量的国家收入。

国家采用直接经营、控制经营或者委托授权经营的方式既获得了利润，还掌控了经济秩序。这种模式一直延续到清朝中晚期。

历代由朝廷设置的官窑就是国营的一种重要类型。常见的有御窑和官窑。据《清史稿》记载，皇家御窑烧造，归养心殿造办处负责，生产的产品存在严格的等级要求，是国营的顶级经营方式。

1. 吴晓波：《浩荡两千年》，中信出版社，2012年版，第8页。
2. ［唐］房玄龄注：《管子》，上海古籍出版社，2015年版，第455页。
3. 马全才：《论〈管子〉中经济法思想的萌芽》，《管子学刊》，2011年第2期。
4. 张晋藩总主编，徐世虹主编：《中国法制通史》（第二卷），法律出版社，1999年版，第454页。

秦朝时存在"关于官营手工业的产品规格、产品质量、生产定额和生产力调配的立法,如《工律》、《工人程》、《均工律》等"。[1] 这说明秦朝时官营手工业很发达,还出现了行业从业规定。

南北朝时,"北齐手工业依北魏,主要为官府所控制,但并不很严格,私人手工场依然存在"。[2]

到了晚清时期,洋务运动建立了一大批官营工业企业,如江南制造总局、轮船招商局、开平矿务局、天津电报总局、汉阳铁厂等,开启了近代中国官营经济的体制。

到了民国的四大家族官僚经济时代,官营经济与家族经济混合,家族利益代表着国家利益,成为家天下的尾声之作。

新中国成立后,"一五"计划拉开了序幕,建立了一大批国营企业,到1956 年开始了对民营企业实施赎买政策,启开全面国有化进程,无论是全民所有制企业,还是集体所有制企业,都是国营经济的明确代表和标志。

改革开放后,民营经济崛起,国营经济机制进行了大刀阔斧的改革,国营经济被圈定在一些重要的关系国计民生的领域,国有经济与民营经济相存而立,混合所有制的改革成为当今我国国有企业深化改革的目标。

国有或国营的经济政策与法律体现的是国家利益,国家垄断资源或控制贸易,建立了获得国家收入的基本经济制度,其中体现的是政治强权的经济性,落实到法律或政策之中就归属于经济法范畴,属于国家占有经济资源或控制经济资源的经济法。

通过国有化经济资源或者经营重要行业,获取垄断的合法国家利润,成为国家仅次于税收的"第二经济"。可以将针对这种经济制度的法律列为经济法。

---

1. 张晋藩总主编,徐世虹主编:《中国法制通史》(第二卷),法律出版社,1999 年版,第 106 页。
2. 张晋藩总主编,乔伟主编:《中国法制通史》(第三卷),法律出版社,1999 年版,第 569 页。

## 二、国外的国有或国营经济法

《汉谟拉比法典》中有规定："我，睿智无伦，曾确定拉格什及吉尔苏的牧场及饮水场，掌握埃·宁努的大量祭品。"[1] 这说明古巴比伦王国通过立法将若干牧场、水源和祭品国有化，以获得财富。

据了解，在古埃及，全国政治及土地的最高所有权名义上都属于法老。法老以封赐的方式或以俸禄的方式将财富分配给寺庙、贵族和官吏，并规定其是永久占有还是定期占有。从第一王朝起，国王每两年派官员清查土地、人口、牲畜和黄金，然后根据清查的结果来确定租税数额，这种清查制度在当时已成为国家大事。[2] 通过土地国有化，不仅可以获得税收，还可以获得经营租金，形成国家收入。

为什么国有化会被认为是经济法的内容？不妨看看罗马法的规定。

古罗马人在法律中将物分为公有物和私有物，古罗马法学家盖由斯在《法学阶梯》中有过经典的表述："那些由人法支配的物品或者是公有的，或者是私有的。""公有物被认为不归任何人享有，实际上它们被认为是全体的或共同体的。私有物是归个人所有的物品。"[3] 这说明罗马法规定了国家的所有权，其对象为公有物。"罗马法是通过公有物和私有物的划分来解决国家所有的财产纳入到私法体系规范的。公有物就存在一个管理、维护和利用秩序建立的问题。这一职责落到了公共管理机关身上。在古罗马，这种公共管理机关即为国家。但国家是公有物的管理者而不是所有者。对于公有物，国家只有管护的权利和职责，没有进行私法上处置的权能。因此，即使称国家对公有物拥有所有权，也只是徒有虚名。"[4] 对于国家的所有权，罗马法是很谨慎的，因为私法和公法体系的划分是罗马法的理论基础，在私法体系中阐

---

1. 法学教材编辑部：《外国法制史资料选编》（上册），北京大学出版社，1982年版，第19页。
2. 郭思媛：《古埃及的土地制度》，参见 https://bjgy.chinacourt.gov.cn/article/detail/2011/05/id/881625.shtml。
3. 盖由斯：《法学阶梯》，黄风译，中国政法大学出版社，1996年版，第82页。
4.《建立国有资产分类规范的法律体系》，参见 https://www.docin.com/p-250638126.html。

入了公法，这会在逻辑上造成很大的麻烦。因此，后世的《法国民法典》也非常谨慎地处理这个问题，其第 537 条规定，除法律规定的限制外，私人可以自由处分其所有的财产。不属于私人所有的财产，依关于该财产的特别规定与方式处分并管理之。第 538 条、第 539 条规定，国家管理的道路、巷、市街，可以航行的河道、海岸、海滩、港口、海港、碇泊场以及一般不得私有的法国领土部分，均认为是国有财产。实际上这里的"国有"，法文词语为 domaine Public，其真正含义应为"公共所有"。查《法国民法典》的英译本，该词被译为 Public domain，可能是翻译存在误解。公共所有权与国有是不同的，国有只是其中的一种。我国学者周枏指出："公有物有广狭两义，狭义的公有物不包括属于公家的财产。"[1]

## 第三节 国家国有或国营经济法分类

上一节已经细致地介绍了国有或国营类经济法的表现形式，并且探讨了国有化的所有权问题、在私法当中的国有所有权与公共所有权的问题。本节将分类研究一下这一类经济法的划分领域，以便明确国家的"第二经济"具体指什么，这样才能明确经济法在这一领域的调整对象。

## 一、国有化经济法

### 1. 资源、能源所有类经济法

如果资源所有权实施了国有化，则涉及的法律当属于经济法，上一节已经阐述过相关的原理，在此再进一步深化。

---

1. 周枏：《罗马法原论》（上），商务印书馆，1994 年版，第 280 页。

私法的权利主体应当是私人，出现公法主体时当属于借用私法原理与形式，因为支配与交易财物最为成熟的制度来源于私人交易，最为完整的支配、交易经验和规则也产生于私人交易，其天然性是客观历史形成的，公有物的支配与交易无法单独形成一整套完整的规则，只有借用私法规则表现，但是其本质却不是私法规则，而是公法规则，是政权的经济规则，直接涉及统治集团的经济利益，将其列入经济法合情合理。只是在古罗马时期不可能有明确的经济法思想，甚至在《法国民法典》中也是如此，因此只能含含糊糊地表达部分意思。"除了公有物外，古罗马国家还拥有大量的自有财产。这部分财产被纳入到私法调整范畴。这一点可以从国库和金库两个层次得到证明。在国家这一层次上，罗马很早即确立了属于全体市民的公共金库和属于皇帝（恺撒）国库的区别。最初，国库属私法调整，金库属公法，到了后期，国库开始脱离私法，纳入行政管理程序。国王可以独立处置国库财产，但他不是以私人身份，而且死后子女不得继承，随着帝国的发展，国库吸收了金库。但同时他同君主的身份分离，并被视为一笔财产和一个独立的实体。国库被赋予许多特权，其中便是经常地代表国家参与民事关系。"[1]古罗马人在这个问题上确实遇到了困惑，但还是努力地从逻辑上让其合理，以使法典的体系完整。

**2. 国营或专营类经济法**

古代不光存在国有经济的情况，还存在国营或专营经济的情况，体现国家的收入来源与参与经济活动的情况，规范这一类行为的法律当属于经济法。

先秦时修造都江堰、郑国渠、灵渠，汉代修建曹渠、龙首渠，隋代修建大运河，这些都是典型的国营经济行为，由国家主导、组织、投资，借助民力完成。"公元前132年黄河决口，第二次治水时，汉武帝一次就支出巨额款项，发动十多万人治堵决口，修筑堤防，使'梁楚之地复宁，无水灾'。

1.《建立国有资产分类规范的法律体系》，参见 https://www.docin.com/p-250638126.html。

这些巨大的水利工程显示了大国财政的雄厚实力，使人民长期受益。"[1] 这些工程是私人很难经营的，而且收益也很难保障，属于公共设施，即经济学上所说的外部性非常突出，只能靠国家去经营、管理。

除了水利，设立皇家粮仓也是我们所熟悉的经济制度。一部历史剧《天下粮仓》让人们看到了清朝国营粮仓在国民经济中的重要基础地位。

"汉代时，建立了全国性的大规模物资调配体系，通过重粟法、均输法、平准法、常平仓等，不仅加强了战备，充实了各地府库，富裕了人民，便于救灾，还能稳定物价，促进经济发展。"[2] 如果没有国家组织经营的力量，根本无法达到这样的效果。

在我国古代，很多官营手工业由政府直接经营，形成大作坊。像贵重丝织品、兵器、青铜器、铁器、制瓷等，也有委托经营的，还有指定生产、统一采购等经营方式，还有就是通过政权垄断行业经营，发放特许经营证件来实行专营专卖。这些都是形成国家收入的政治经济经营方式，然后确立在法律之中，形成国家的经济之法。

这些为了维护国家经济利益和经济收入而形成的经济制度，不是行政法所能涵盖的，因为其中不光有经济行政机关、经济行政行为、经济行政程序，还有大量的经济权利义务设定，这些都属于经济制度。这些具体的规定体现的是国家的经济意志和利益。

## 二、国营或国有企业经济法

### 1. 中国的情况

关于我国古代国有或国营经济的制度，现在只能看到一些相关的记载，据此可推断，我国国家经营类经济法在古代是存在的。到了近代，洋务派的

---

1. 史卫：《古代中国的大国财政》，《新理财：政府理财》，2014 年第 11 期。
2. 史卫：《古代中国的大国财政》，《新理财：政府理财》，2014 年第 11 期。

企业组织，采用的就是国营企业组织形式。"19世纪70年代以前，洋务派侧重于创办军用企业，以制械、造船为中心，是中国最早引进西方机器生产的企业，采用官办形式，经费由清政府拨款，产品基本上由清政府调拨。19世纪70年代后，洋务派创办企业的重心渐次转到兴办民用企业上。洋务派民用企业采取官办、官督商办和官商会办3种组织形式，其中以官督商办为主。"[1]这是近代中国最初的国营企业，属于典型的国营经济组织，尤其是官办企业，不光引进了西方的机器设备和技术，同时还引进了其企业制度。

例如，轮船招商局制定了局规与章程，局规共14条，章程共8条，详细规定了近代企业设立、经营管理的基本制度，将官办企业的经济组织制度规定得非常细密，对于国家的利益考虑得也非常周到。

再如，开平煤矿制定了直隶开平矿务局章程，共12条，详细规定了矿务局设立、经营的管理制度，确立了官营企业责、权、利的配置结构。

关于企业组织的商事制度，清朝已有了《公司律》《公司条例》《商人通例》《公司注册规则》等法律法规，而官营的企业涉及国有利益的规定就在局规和章程中，属于典型的经济法内容。

到了国民政府时期，国营企业属于官僚资产阶级的经济组织，在当时也存在国营企业的经济组织制度。

1928年制定的《中国银行章程》，"第一条：中国银行经国民政府之特许为国际汇兑银行。第四条：中国银行营业年限依照中国银行条例第五条之规定，自民国十七年十月廿六日起满三十年为期。期满时得由股东总会决议，经财政部核准延长之。第六条：中国银行股票，依据中国银行条例第四条之规定概用记名式，除中华民国人民外，无买卖转让之权利。第十七条：中国银行受政府之委托，办理下列各项事务"。[2]章程里有关于国营企业经济法的具体规定，反映了民国时期国营企业法律规范的面貌。1932年，国民

---

1. 北光：《中国企业百年批判》，国际文化出版公司，1998年版，第293页。

2. 北光：《中国企业百年批判》，国际文化出版公司，1998年版，第342页。

政府将已转商办的招商局收归国营，于 1932 年颁布《招商局收归国营令》，直接展现了当时国营企业经济法的外观。[1]

在民国时期还有更多的国营企业法律规范体现。"国民政府资源委员会自 1935 年起成为从事工商企业活动的经济垄断组织。至 1947 年，其所属企业达 293 个，职工达 26 万余人。资源委员会由翁文灏、钱昌照、孙越琦等专家主持"，[2]制定了很多企业的章程和组织规程，其中体现了经济法规范。

在中国共产党领导的苏区，也制定过国营企业经济法。1934 年 4 月 10 日苏区制定的《苏维埃国有工厂管理条例》，是中国社会主义性质工厂的第一个管理法规。条例共 11 条，规定了国有工厂实行厂长负责制，还规定了厂长领导下的工厂管理委员会、三人团的成员组成和职责范围。[3]另外还有《苏维埃国家工厂支部工作条例》，反映的都是苏维埃政权的经济利益，当属于国营企业经济法。

中共陕甘宁边区中央局于 1940 年 11 月 12 日发布《关于开展边区经济建设的决定》，"使公营企业成为新式的国家资本与民间的集体资本及私人资本的结合点，从而健强新民主主义的经济基础……政府经营的公营企业的载体即边区贸易公司，它实际上是发展对外贸易、保障供给、发展经济的企业机关，它领导光华商店、盐业公司、土产公司、南昌公司及陇东联合商店……这几个规模较大的公营商业企业，由政府直接领导，经营盐、皮毛、药材、棉花、棉布、纸张、肥皂等主要物资，控制了区内市场和区外贸易"。[4]这是中国共产党边区政权制定实施的经济法制度。当然，其中也包含了行政法的内容，如建立中央直属财政经济处等。

1. 北光：《中国企业百年批判》，国际文化出版公司，1998 年版，第 348 页。
2. 北光：《中国企业百年批判》，国际文化出版公司，1998 年版，第 350 页。
3. 参见 https://www.zsbeike.com/bk/651309.html。
4. 刘远柱、陈志杰：《抗日战争时期陕甘宁边区的公营商业》，《南通师范学院学报》（哲学社会科学版），2001 年第 2 期。

新中国成立后，我国开始建立与国营企业相关的经济法制度。1950年2月28日，政务院财经委员会发布《关于国营、公营工厂建立工厂管理委员会的指示》，开始认真执行1947年华北人民政府所颁布的《关于在国营、公营工厂企业中建立工厂管理委员会与工厂职工代表会议的实施条例》。在这之前，1949年8月10日华北人民政府发布了《关于在国营工厂企业中建立工厂管理委员会与工厂职工代表会议的实施条例》，要求对原来官僚资本统治时代遗留下来的各种不合理的制度，进行有计划、有步骤的一系列改革。这开启了新中国国营企业经济法的法律时代。1950年政务院颁布了《私营企业暂行条例》，除了商法、行政法等条款外，第五条涉及公营和公私合营企业的要求，第九条、第十一条涉及国家生产计划，都属于典型经济法条款。

改革开放后，1988年我国颁布了《全民所有制工业企业法》，1992年颁布了《全民所有制工业企业转换经营机制条例》，1993年颁布了《公司法》，国营企业经济法制度越来越完善。

**2. 国外的情况**

国外也存在与国营企业相关的经济法制度。

1871年，法国巴黎公社政权颁布法令，由工人接管并运营被原主人放弃的企业，将来他们可以得到补偿；将所有教会财产变为公共财产。这是典型的国营化经济法令，对私人财产也予以保护。

德国俾斯麦上台后，制定了国有化的政策，由国家出资收购私人企业或投资新企业，扩大国有经济的范围和规模，以加强国家对经济的控制。"1879年1月末，议会预算委员会接受进一步国有化的原则……1879年11月，马伊巴赫终于向议会提交第一份具体的国有化法案"，[1] 这是一份重要的国有化经济法。在此项法案的推动下，铁路最先被国有化，德国还设立了帝

---

1.［美］弗里茨·斯特恩：《金与铁：俾斯麦、布莱希罗德与德意志帝国的建立》，王晨译，四川人民出版社，2018年版，第297—298页。

国铁路局，负责协调各种铁路系统的建设、装备和运营。从 1879 年到 1884 年，普鲁士政府先后从 23 家大公司收购了 12000 公里私营铁路，基本实现了铁路国营。到"一战"前夕，德国国有经济包括采矿、制盐、铁路、邮政、电信、森林、金融业及具有重要经济意义的地方基础设施。那些促使德国经济迅速崛起的经济法案被学术界普遍认为是现代经济法的起源，本书也认可这一点。笔者在所著的《经济法风云录——现代经济法历史和逻辑考察》一书中指出，俾斯麦吸收了李斯特的干预经济思想和社会主义思想，从而在执政期间建立了一系列经济法制度，其中国有化大量企业是最主要的体现。

英国很早就有了国有化的主张。[1]英国"从 1945 年起，通过一系列国有化法令，把一批煤炭、电力、煤气、铁路、航空、电讯、航运企业收归国有。1951 年起实行了部分钢铁工业的公有化。此外，英格兰银行也实行了国有化"，[2]国有企业和经营法律制度在英国全面实施。因为国有企业的问题日益增多，撒切尔夫人上台后开始了英国私有化大量企业的进程，后来只剩铁路、邮政等企业仍归国有。

苏联等国家也都制定了相应的国营企业类经济法。1965 年 10 月苏联颁布了《苏联社会主义国营生产企业条例》，1971 年罗马尼亚颁布了《国营单位组织和管理法》，1978 年匈牙利颁布了《国营企业法》，1981 年波兰颁布了《国营企业法》，1987 年苏联颁布了《国营企业法》，1987 年捷克斯洛伐克颁布了《国营企业法》。[3]这是社会主义国家在计划经济体制下制定的专门化的企业经济法，与资本主义国家国有化企业的立法方式有所区别，但是均属于国营企业经济法类。

---

1. 1649 年，彼得·张伯伦曾主张把某些地产和矿山收归国有。
2. 梁中芳：《英国国有化经济的历史回顾》，《商场现代化》，2005 年第 12 期。
3. 王保树：《试论改革中的苏联东欧国家国营企业法》，《法学评论》，1988 年第 5 期。

# 第四节　国家经营经济法的部门属性分析

## 一、概述

本书将国家经营类经济法置于国家分配类经济法之后，是考虑到国家收入性质的重要性。收入与支出的国家财力分配是最重要的，与其相应的经济法当然要排在第一位。国营或国有化经济法仅次于分配类经济法，因此排在第二位。虽然税收形成了财力的主要组成部分，但是毕竟税收经济是靠政权作为后盾的，提供的是公共服务，与第一产业农业和第二产业工业经济有所区别，不能直接生产出农业产品和工业产品，因此参与分配要受到纳税主体负担的限制，必须考虑纳税人的经济成本。

量入为出、量能课税是基本原则，否则就会竭泽而渔，压垮税收负担人，造成经济基础崩塌，甚至可能导致政息人亡。因此，能够占有相应的资产去参与投资经营，公开地参加具体的经营活动，通过投入与产出的经济行为获得收入，成为国家非常重要的经济收入。这么做不仅弥补了税收不足造成的缺口，还能将获利很高的行业控制在自己手里，形成国家财政收入，用于国家的公共统治。

另外，国家参与经营还可以掌控关系国计民生的重要行业，如盐业、铁路、电、水等，控制这些行业的价格，不让私人资本随意利用垄断优势盘剥人民。虽然国家经营存在腐败、利益输送、效率低下等问题，但是一代代人都在想方设法设计更好的国家经济法制度去改善其弊病，发挥其为大众服务的人民主权本质。西方国家在自由资本主义竞争失控的时候普遍想到了国有化和国营经济，而且以此度过了最艰难的岁月，这一点历史早就向我们说明了。

## 二、国家经营经济法具体分析

### 1. 自然资源等国有化的经济法

古代就存在自然资源国有化的规定，如"官山海"。

现代也存在"官山海"这样的经济法规范。我国《宪法》第九条规定，矿藏、水流、森林、山岭、草原、荒地、滩涂等自然资源，都属于国家所有，即全民所有；由法律规定属于集体所有的森林和山岭、草原、荒地、滩涂除外。第十条规定，城市的土地属于国家所有。这属于典型的经济法法律规范，只是其规定在宪法中，也属于宪法规范。就像法规竞合一样，也存在法律规范的竞合。

除此之外，《煤炭法》第三条规定，煤炭资源属于国家所有。地表或者地下的煤炭资源的国家所有权，不因其依附的土地的所有权或者使用权的不同而改变。

《森林法》第三条规定，森林资源属于国家所有，由法律规定属于集体所有的除外。

《草原法》第九条规定，草原属于国家所有，由法律规定属于集体所有的除外。国家所有的草原，由国务院代表国家行使所有权。任何单位或者个人不得侵占、买卖或者以其他形式非法转让草原。第十条规定，国家所有的草原，可以依法确定给全民所有制单位、集体经济组织等使用。使用草原的单位，应当履行保护、建设和合理利用草原的义务。

《野生动物保护法》第三条规定，野生动物资源属于国家所有。

《土地管理法》第二条规定，中华人民共和国实行土地的社会主义公有制，即全民所有制和劳动群众集体所有制。全民所有，即国家所有土地的所有权由国务院代表国家行使。

这些法律规定很明确地确认了国家对自然资源的所有权，其权利主体是国家，并非普通意义上的民事主体，因此将其列入民法部门实为不妥。这是典型的公法条款，其所确立的所有权确实依照了私法的模式，但是其本质却是公法——经济法。

## 2. 国营或专营类经济法

这是从国营或国有经济方式角度所做出的经济法规定，不同于专门从企业法角度所做出的规定。古代并不存在专门化的国营企业经济法，因此大量的关于国营或国有的经济法规定并非体现在企业制度中，但是国有或国营经济组织是客观存在的，无论是作坊、手工工场还是官窑，从组织到生产经营都体现着国营的特征，相关的法律规范也必然显示着国家利益的特殊性。

专营类行业体现的是国家对某些行业的控制，有时是国营或国有的专营，有时是官督商办的特许经营，有时纯粹是特许私人经营——国家通过发放许可令状掌控这些重要行业，以控制经济命脉。

例如，德国战争时期的经济法就将这种控制体现得淋漓尽致。"第一次世界大战中的战争经济法从另一个方面对传统体系提出了疑问。通过采取或多或少具有计划性的措施，国家深深地干预到了经济过程和企业之中，从而逐渐几乎独自掌管了所有的资源。1914 年 8 月 4 日的授权法已经赋予了联邦议会几乎不受限制的立法权力。大部分其他的'条例'与'公告'都以此为基础得以颁布，这些法律导致对几乎所有的财富、价格控制、无数行政机构和组织——战争股份公司、强制辛迪加等——的设立，以及为这一切提供保障的刑罚规定的越来越广泛的管控；很自然，对全面中央管控的最初尝试也同样是缺乏整体概念的，所有这一切都被视为是紧急措施；其后果是形成了一个'国家所创建和国家所控制的组织的迷宫'。最终，则形成了对几乎无边界的物质匮乏的近乎全盘的管控。所有权以及与此相关联的私法制度被这样一种强制分配秩序所超越，这样，事实上就只有公共所有权得以幸存。"[1] 这就是"一战"时德国的统制经济法，它在德国推行的"临时计划经济"体制中出现，在西方被认为是严重地破坏了私法的原则。经济法学的诞

---

1.［德］弗里茨·李特纳等：《欧洲与德国经济法》，张学哲译，法律出版社，2016 年版，第 6 页。

生也恰恰是在这个时期。大量的经济统制法的制定、实施使法学家们发现了一个新的法律部门，而国家所有权和国营经济是其最重要、最核心的部分。

### 3. 国有资产管理类经济法

当代中国制定的国有企业经营管理类经济法，规定得更加细致、全面。1997 年 2 月，财政部颁行《关于加强国有企业财务监管的意见》；2001 年 4 月，财政部颁行《企业国有资本与财务管理暂行办法》；2002 年 7 月，财政部颁行《企业公司改建有关国有资本管理与财务处理的暂行规定》；2003 年 5 月，国务院颁布《企业国有资产监督管理暂行条例》；2008 年 10 月，《企业国有资产法》颁布，全面、系统地深入国有企业和资产管理的核心。我国企业类经济法日益专门化、专业化，体现了现代经济法不断走向高级形态的发展趋势。2020 年，《行政事业性国有资产管理条例》颁布，开始系统区分经营性国有资产与非经营性国有资产的管理。

国有资产精细化管理，体现的是国家在对待国有资产经济管理上的直接利益，反映在法律上就是经济法规范。这些法规中也包含着行政法规范。在新时代的社会主义市场经济的探索中，我国逐渐完善对国有资产的监督与管理。

### 4. 国营或国有企业经济法

我国《公司法》第二章第四节确立了国有独资公司的特别规定，对于国家投资、经营的企业，特别规定了其股东会、董事会、监事会、经理等机构的设置与权力，与一般民营商事公司不同。董事会成员由国有资产监督管理机构委派，但是，董事会成员中的职工代表由公司职工代表大会选举产生。监事会主席由国有资产监督管理机构从监事会成员中指定。该规定体现的是国有独资公司的财产属性，直接体现国家的经济利益，保障的是国家的经济收入，这就与商法规范性质不同了。当然，其中也包含行政法规范，如委派指令、指定任命指令都属于行政行为范畴。国家经营经济法的内容中夹杂着商法、行政法等规范，需要细心甄别才能清晰。

我国 1988 年颁布的《全民所有制工业企业法》，从形式上看，可以将其列入经济法部门。因为其主要规定的是国营企业经济法的基本制度，如全民所有、厂长负责制、中国共产党的组织设置、职工代表大会制度、国家计划的设定等，根据其立法目的和法律规范组成，可以将其列入经济法部门，但是其包含着与普通企业法相似的商事法律规范，还有行政法律规范，就像《民法典》中也会出现商事、行政、经济法律规范一样。

《全民所有制工业企业法》列入经济法部门是一种法律部门逻辑上的进步。最初人们只考虑法律规范的性质，根据每个法律规范的性质来确定其部门性质，在研究古代"诸法合体"时就是这样的，多种性质的法律规范会在一部法典中同时出现。

进入近现代社会，尤其是现代社会，大量的专门化立法出现了，颠覆了古代"诸法合体"的综合法典的样式，这是因为近现代工业化市场文明导致生产、交易规模不断扩大，国家管理经济的复杂程度日益增长，法律规定更加系统化、精细化、专门化，出现了一个比法律规范大的法律构成单元，虽然其中经常包含多种性质的法律规范，但是依照国家统治管理的立法目标，可以将其视为一个法律部门。

# 第五章  国家融资经济法

## 第一节  国家融资经济

国家通过提供政权公共服务——安全、秩序、公平、正义等获得税收并以此为中心形成分配经济，在本书中被笔者称为国家"第一经济"；国家通过国有化资源或国营等方式形成经营类经济，在本书中被笔者称为国家"第二经济"；国家通过借债的方式筹集资金、获得经济收入以调剂资金余缺，在本书中被笔者称为国家"第三经济"。

古代欧洲一些国家为了发动战争，于是就发行国债以筹集战争资金。例如，哈布斯堡王朝为了筹集对法战争资金就利用其领地荷兰联邦的议会发行了债券。

我国有一个成语"债台高筑"，其背后有一个很有趣的故事。公元前256年，周朝末代君主周赧王姬延组织了5000人的军队，联合楚、燕进攻强大的秦国。因为国库空虚，他向国内富人借了一大笔钱充当军费。此战因敌众我寡失败了，但富人们看到军队回来了，纷纷手持债券向周赧王讨债。周赧王无钱还债，只好躲到宫后一个高台上避债。周朝人便把这个高台称为"逃债台"。[1]这说明古代就存在把借债这种方式作为国家经济的补充，缺钱时通过借款调配一下资金的做法。

---

1. 参见赖晨：《古代借贷那些事儿》，《检察日报》，2018 年 8 月 17 日。

国家虽然有税收，有国有或国营经济的收入，但是遇到社会动荡、战争、自然灾害等突发情况时，财政支出可能会暴增，国库收入短时间内可能无法满足需求，这时就需要向外部借款。国家的融资借款行为与普通的民事借贷形式类似，但是又有很大的不同。国家的借款基于政权的强力或者信用，有时强制收取，更多的时候是自愿交易，以便在短时间内筹集到丰裕的财政资金以弥补国家资金周转的不足，完成国家的统治目标。

到了现代社会，国债经济已经非常普遍，世界各国在进行国家经济预算时，都将国债收入明确列入计划，通过资金的周期运转来调剂国家公共财政的支出，获得机动性很强的融资。发行国债既不需要增加税收负担，又可以大规模获得巨量资金，成为国家的一种重要经济手段。

本书将融资经济视为国家"第三经济"。为了规范这样的行为，其所定立的法律，应当定性为经济法。

## 第二节　国家融资经济法的内容

### 一、中国的情况

在我国古代，朝廷的借债行为比较常见，但是没有见到专门的立法或相应的法律规范。

"据《史记》记载，汉景帝'七国之乱'爆发时，长安城的将领准备出发东征平叛，向子钱家们借钱充当军费，子钱家们因为当时战局成败不定，都不肯出借，有一位毋盐氏冒险借了1000两金子给汉景帝的军队，利息是1000%，过了三个月，七国之乱被平定了，这让毋盐氏发了大财。在东汉，因为中央政府财政困难，有时候也会向私人借钱。据《后汉书·庞参传》记载，汉安帝刘祜永初四年（110年），东汉帝国与羌人作战，军费大增，加上连年歉收，官方积欠私人的债款达几十亿之多。汉顺帝刘保永和六年（141年），皇帝下诏向富裕的百姓借钱。"[1] 上述记载表明，古代官府在遇到战争年代财政资金紧缺时，会向富人借钱，采用的都是民间的一般借贷惯例，甚至有时还可接受高利贷，并没有特别的法律予以规范。

1898年，我国发行了第一只公债——昭信股票，是为镇压太平天国起义筹集资金而发行的，以田税、盐赋为担保，但并没有建立公债发行的法律制度，仍然是以一般民事借贷法律作为后盾的。

1905年，中国同盟会成立后，孙中山于当年10月到越南西贡堤岸等地建立同盟会组织，并筹措革命经费，在西贡成立了广东募债总局，印制了百元票面的革命债券，于1906年元旦发行。

南京国民政府成立后，大量地发行国债，土地公债、金融公债、军需公债等达68种之多，均按政府训令的方式进行摊派，强力推行，偿还期限有的长达三四十年，严重缺乏信用保障，成为社会的一大负担。[2] 这就体现了国债的国家经济特征。依照民商事法律借贷还好办，一旦政府强力出售，民商自由交易原则被取代，其经济法本质特征就非常明确，国家违约时，普通的民商事救济方式根本不起作用。

可以看出，发行国债是国家获得经济收入的一种重要经济手段，可解燃眉之急，也可用于实现长期筹划的目标。这不是经济行政行为可以涵盖的，这是一种国家的政治经济行为，除了民商事法律基础，经济法是其主要组成部分，经济行政法也体现在其中。

中国共产党领导的苏维埃政府凭借自身强大的政治信用，也发行了公债。

自1932年7月起，国家银行不仅发行货币，经管国库一切出纳事宜，而且代理中华苏维埃临时中央政府发行第一、第二两期革命战争公债。其法律基础是1931年颁布的《关于经济政策的决议案》。

1. 参见赖晨：《古代借贷那些事儿》，《检察日报》，2018年8月17日。
2. 王挺：《浅议民国时期公债》，《兰台世界》，2006年第2期。

1954年，我国发布了《一九五五年国家经济建设公债条例》，明确了国家发行公债的经济法律制度。

1981年，国务院通过了《中华人民共和国国库券条例》，决定发行国库券来弥补财政赤字，制定了改革开放后第一个国债经济法规。到1992年为止，国务院每年都颁布一部国库券条例。1989—1991年，国务院每年还颁布一个特种国债条例。1992年3月18日，国务院颁布《中华人民共和国国库券条例》。

2009年，财政部颁布《2009年地方政府债券预算管理办法》，改革开放后第一次开始允许地方政府发行债券。2014年，国务院颁布《国务院关于加强地方政府性债务管理的意见》。2015年，财政部颁布《地方政府一般债券发行管理暂行办法》。

国债的发行逐渐有了越来越多的法律依据，国家对发债经济进行了日益严格的法律规范。这就是一种国家融资经济法。

## 二、国外的情况

一些欧洲国家用外债违约的方式解决国家债务危机的做法由来已久。"赖账"式的债务违约源于中世纪。当国家外债总额占国库收入的比重较大时，君主们经常使用"赖账"的手法。

14世纪30年代，英王爱德华三世赖账，整垮了当时意大利的金融巨人巴尔迪家族和佩鲁齐家族。

15世纪中期，法国财政大臣雅克·柯尔向法国王室的军队供应盔甲和武器，后来查理七世宣布债务违约，坑垮了雅克。

16世纪初期，富格尔家族向西班牙政府提供20万弗罗林的贷款，后来西班牙哈布斯堡王朝宣布债务违约，富格尔家族遭受到毁灭性的经济打击。

古代，欧洲战争频繁，各国拼命争夺经济资源，导致经济支出猛增，国家靠税收、租金、国营收入根本无法支撑自身的运转，因此经常向富裕家族借款。但是由于国家信用基础差，很多君主擅自违约，而出借人又没有任何有效的救济方式，所以出借人经常蒙受巨大损失。

国家债务是一种形似民商事债务的东西，但实际上是一种借了民商事债务的壳的经济法债务，只能依靠国内公债经济法制定制度约束，或者依靠国际经济法的国家间条约约束，但最终靠的还是政府的信用。1933 年，中华苏维埃共和国发行了 300 万元经济建设公债，公债以三分之二用于经济建设，新中国成立后全部予以兑付。如果把这些债务视作民商事债务或行政法上的债务显然不妥，它直接反映的是国家的经济利益，体现的是国家的经济意志，从中可以清晰地看到民商法、行政法与经济法的区别。

近代，英国在国债发行方面最早建立了有效的信用保障制度。1694 年，英国成立了国有中央银行英格兰银行，使国家的信用有了具体的经济基础。"财政管理状况与公众信心实际上是一种正比关系。就国债而言，所谓财政管理状况包括政府对借贷担保（即税收）的管理，以及政府对国债的偿还、处理等。确切地说，也就是为确保国债良性运作而建立的相关保障体系。"[1] 这说明，英国在 17 世纪末就开始建立了国债经济法制度，以增强政府借债的信用。英国公开信用基础，确立借款条件与规则，一扫过去欧洲各国君主留下的借款违约恶名。

美国的国债制度基础扎实，国债成为兴国旺邦的重要经济力量。起因仍是战争。战争爆发后，支出猛增，需要靠发行债券获得大量的经济收入，以弥补税收的不足。1787 年，《美利坚合众国宪法》颁布并生效，第一条第八款指出，国会有权"规定并征收税金……用以偿付美国国债"，[2] 弥补了之前联邦条例限制联邦政府征税的不足。1790 年，汉密尔顿向国会提交《关于公共信用的第一份报告》，将国家信用视为国家经济的重要基础。1863 年，

---

1. 赵红：《17—18 世纪英国国债制度述评》，《社会科学辑刊》，2006 年第 3 期。

2. 戴维莱：《追溯美国国债之谜》，参见 http://www.sina.com.cn。

国会又通过了《国家银行法》，使美国国家的公共信用迅速上升，成为美国经济腾飞的关键经济因素。这是一种典型的国家经济制度的培育与构建，有严格的法律做后盾，属于重要的融资经济法。

## 第三节 国家融资经济法的部门属性分析

### 一、概况

国债立法是近现代社会逐渐发生的事情。各国通过立法规范发行国债的基本要求，如通过预算立法限制国债发行的规模与数量，通过公共财政立法约束国债发行的用途，因此，这类法律规范的是公法上的债权，与民商事法规范的债权有很大区别。国债的发行以政权的信用作为保障，无论是否以税收作为担保，政权的信用都是最核心的内容。

国债发行之后可以通过债券二级市场进行交易，这使得它具备了金融产品的属性；有浓厚的民商法意义上的债权属性，遵从交易市场统一的规则，这又使得经济法上的债权在证券交易市场上具备了商事法债权的外壳。但是，其本质还是经济法上的债权，一旦政府信用崩溃，一切交易的债权属性又会回归经济法。从表面上看，国债交易是双方合意的过程，但是深层次体现的是国家的意思表示占主导，更多的是需要依照公共利益的要求对国家本身做出更多的按时还款的法律规定。

### 二、国家融资经济法具体分析

国债立法应主要规范如何借、如何还、利息是多少、借期是多长、用途是什么，这就属于规范国家经济行为的法律法规。

例如，我国 1992 年颁布的《国库券条例》第四条规定：每年国库券的发行数额、利率、偿还期等，经国务院确定后，由财政部予以公告。第五条规定：国库券发行采取承购包销、认购等方式。国家下达的国库券发行计划，应当按期完成。第六条规定：国库券按期偿还本金。国库券利息在偿还本金时一次付给，不计复利。第七条规定：国库券的发行和还本付息事宜，在各级人民政府统一领导下，由财政部门和中国人民银行组织有关部门多渠道办理。

上述四个条款明确规定了国家发债的基本法律要求。这是国家的经济行为，所以存在特殊性，与普通的民商事债务截然不同，反映的是国家借款的政治经济目标，有清晰的用途限定，还款渠道与方式也由相关行政机构去实现，而且没有规定不能按期偿还本息应承担什么责任，这就区别于一般的民事主体。国债表面上有债的外壳，但是骨子里却是在用国家的政治信用托底，一般情况下购买者都会信心十足，因为相信政权的稳定性。其主要规定的是国家借债的基本内容，也存在行政机构参与发行、还款等行为，但是这些行为是一种国家经济行为，因此仍属于经济法范畴。就像政府部门编制预算一样，它绝不是一个简单的行政行为，而是参与国家的分配经济活动，是一种政治经济行为，其性质比一般的行政行为复杂得多。

再如，我国 2021 年颁布实施的《地方政府债券发行管理办法》，主要针对地方政府发行债券的条件与偿还设定了一系列经济制度，是国家允许地方政府通过借债获得收入，以完成地方政府的公共支出需求，其中有很多借债的经济制度，也有很多经济行政制度，属于经济法规范与行政法规范共存。

# 第六章　国家金融经济法

## 第一节　国家"第四经济"——货币类经济

笔者认为，国家依政权行为而产生的经济收入应包括依货币而产生的收入，这也是金融经济的起点。

考古学研究发现，夏代海贝的使用非常盛行。河南偃师二里头的古墓中就出土了大量的海贝，钱币学家和考古学家们一致认定，海贝是财富的象征。这里也发现了很多青铜货贝，推测其为夏代国家制造的货币。无论是国家垄断货币还是制造货币，都是国家的经济行为，首先应是为了获得巨大的财富。从这个角度讲，垄断或制造货币是一种国家经济，即依靠政权的力量和政权的信用，掌握交易的最大法宝——货币。为货币而进行的立法当属于经济法，直接体现的是国家的经济利益。

这就是本书将货币经济列为国家第四经济的缘故。历史上不光海贝被国家垄断、管控，黄金、白银、青铜、铁等都被国家不同程度地垄断、管控。

北宋时，我国出现了第一张纸币——交子。最初的交子是由商人自由发行的，后来出现滥发，到了1023年，宋朝政府设立益州交子务，管控了货币的制造与发行。

在贵金属币制下，由于贵金属属于天然的货币，其本身使用价值和交换价值非常稳定，国家很难过度制造货币，所以币值很稳定。但是纸币和普通的金属货币就不一样了，纸币制造和发行的成本远远低于交易对象——商品本身，因此如果随意发行而不加限制，就会导致通货膨胀，威胁到交易的安全，严重的，会导致经济崩溃。

因此，货币法的制定非常有必要，需要规定发行货币的条件、数量、规模，需要确定发行货币的法律原则。

从货币出发，人类后来发明了带有经营性质的货币管理者——中央银行，将货币经济变成了一整套复杂的经营管理系统，确立了信用货币本位、银行转账结算制度、货币政策工具等现代的货币经济法制度。

# 第二节　国家货币经济法的内容

## 一、中国的情况

我国使用货币的历史很久远。

班固在《汉书·食货志》里说："凡货，金、钱、布、帛之用，夏、殷以前其详靡记云。"[1] 班固认为，我国古代的货币制度只能追溯到周朝。恒宽在《盐铁论·错币》里却说："夏后以玄贝，周人以紫石，后世或金钱刀布。"[2] 恒宽认为，在夏朝时，国人就已经用玄贝来进行交易了。在河南偃师二里头遗址发现了夏代的货币，但是明确的货币立法却未能发现。张晋藩先生主编的《中国法制通史》第一卷（夏、商、周卷）引用了《汉书·食货志》和《史记·平准书》中的记载，推断出"西周时期在流通领域出现几种货币，不同形态的货币，皆属国家认可的，无疑国家必然对不同形态的货币规格、重量制定法定标准，以维护货币的信用，特别是金属货币，更需要有

---

1. ［汉］班固：《汉书》（简体字本），中华书局，2000 年版，第 965 页。
2. 王贞珉译注：《盐铁论译注》，吉林文史出版社，1995 年版，第 38 页。

法定标准。从这个意义上说西周的货币立法已比商代更前进了一步"。[1]《汉书·食货志》中记载了太公为周立九府圆法，"黄金方寸，而重一斤；钱圆函方，轻重以铢"，[2]这是在史料中记载的关于西周初期货币经济的最早规范。

战国时代流传下来的货币种类多样，形式各异，但是能见到的货币经济法律规范甚少。《管子》一书系统陈述了货币立法的理论基础。"《管子》强调必须建立严密的货币制度，以此调节社会财富关系，缓和社会矛盾，控制社会经济。将货币立法作为统治的主要工具，在法律体系中有重要地位。'人君操谷币金衡，而天下可定也。'强调货币立法的重要性……强调铸币权必须统一在君主手中，货币必须由国家铸造发行，以国家法令规定流通、兑换……又提出建立货币的本位制度。"[3]国家通过操控货币的吞吐，可以获得大量的利润。"目前所能见到的最早的货币法令，当属湖北云梦出土的秦简中的《金布律》。这是专门的货币法规，颁行时间至晚是在秦统一六国前夕。"[4]这部法律规范了国家发行货币、社会使用货币等行为，其中包含着经济法律规范、行政法律规范和刑事法律规范，说明战国时的货币经济立法已经很发达了，中华的经济法律文明是可圈可点的。

秦统一六国后，始皇帝下达诏令，"以黄金为上币，铜钱为下币……各国的刀布之币统一于秦圆钱之下。秦圆钱规定为外圆方孔式样，铭文'半两'……以法令确定黄金、铜钱并行本位的货币制度"。[5]秦国的强大在其货币制度上可以窥见一斑。虽然后因过度征敛而亡国，但是秦国建立了稳健的货币经济制度，从中可以看到货币经济法的面貌，其直接体现了国家的经济利益。

从列举的古代中国货币经济法来看，我们无法否认这些法律规范的经济法属性，因为它们很难归到民商法、行政法等部门，是非常清晰的货币经济

---

1. 张晋藩总主编，蒲坚主编：《中国法制通史》（第一卷），法律出版社，1999 年版，第 329 页。

2. ［汉］班固：《汉书》（简体字本），中华书局，2000 年版，第 965 页。

3. 郭建：《中国经济立法史》，新华出版社，2019 年版，第 157 页。

4. 郭建：《中国经济立法史》，新华出版社，2019 年版，第 157 页。

5. 郭建：《中国经济立法史》，新华出版社，2019 年版，第 158 页。

之法。

近现代中国货币经济法也随着历史的发展而不断发展。

1910 年，清政府颁布《币制则例》，它是近代中国第一个币制法规，规定实行银本位制，改两为元，规定了国家货币经济的基本形式。

1914 年，北洋政府颁布《国币条例》和《国币条例实施细则》，规定货币发行权专属于政府，单位为元，采用十进制；1916 年还颁布《取缔纸币条例》，垄断了纸币的发行权。

1933 年，国民政府颁布《银本位币铸造条例》和《废两改元令》，规定了国民政府的国家货币经济制度；1935 年又颁布《新货币法令》和《兑换法币办法》，进行币制改革，将法币列为法定货币。1948 年，国民政府为了搜刮民财，又颁布了《财政经济紧急处分令》《金圆券发行办法》和《人民所有金银外币处理办法》，[1]动用国家经济法的手段强行聚敛民财，我们从中可以看到经济法背后强大的国家力量。

1948 年 12 月 1 日，华北人民政府发出布告，宣布中国人民银行成立，同日发行人民币。

1950 年，政务院颁布《关于实行国家机关现金管理的决定》、政务院财政经济委员会颁布《货币管理实施办法》。1951 年 4 月 19 日，政务院颁布《妨害国家货币治罪暂行条例》。

1955 年，国务院颁布《关于发行新的人民币和收回现行人民币的命令》。1979 年 7 月 6 日，全国人大公布《刑法》，其第 122 条对伪造国家货币治罪做了具体规定。1983 年 6 月 15 日，国务院发布《金银管理条例》。1995 年，我国颁布《中国人民银行法》。2000 年，我国颁布《人民币管理条例》。

从新中国成立至今，我国通过一系列货币经济法的制定与实施构建了人民币的货币经济管理秩序和基本制度，并逐渐通过国际经济法走向更大范围的支付、结算领域。

---

1. 郭建：《中国经济立法史》，新华出版社，2019 年版，第 326—329 页。

## 二、国外的情况

古埃及在新王国时期就出现了金属块货币的使用，包括金、银和铜。其黄金、白银和铜的价值比率比较稳定，通常以"德本"为单位。"到 19 王朝，一个叙利亚女奴价值 4 德本 1 凯特银子。"[1] 由此可见，当时已经有了古埃及比较明确的货币法令，规定了古埃及王朝的国家货币经济制度。有了金属种类、比率、货币单位，基本的货币经济制度就明确了。

古罗马大约在公元前 5 世纪才逐渐使用散青铜块作为交换媒介。公元前 430 年，古罗马执政官盖乌斯·尤利乌斯和普布利乌斯·帕庇利乌斯颁布法令，规定牲畜与青铜之间的比值为：1 头牛 =10 只羊 =100 罗马磅青铜（1 罗马磅相当于 372.45 克）。公元前 289 年，古罗马出现了正式的青铜铸币，规定了货币单位和铸造法。公元前 212 年，古罗马开始使用银币，开始了银本位制度的时代。在恺撒统治期间，古罗马开始大量铸造金币，但是仍然以银本位为基础。[2] 这说明古罗马时期的货币法令已经将货币的种类、比率、形式、单位和本位货币都做了规定，基本货币经济制度已经建成，其货币经济法与古代中国、古埃及类似。

近代，英国于 1821 年颁布法令正式采用金本位制，英镑成为标准货币单位。1914 年"一战"爆发，英国发布法令废除了金本位制，金币停止流通，英镑禁止兑换黄金。英国拉开了世界近代史的序幕，创立了金本位制，也因此开启了货币立法的近代化。与工业化和近代市场经济相匹配的货币制度诞生了，但是，不能因此而否定古代社会丰富多彩的货币制度与法令，它们各自也与自己的农业社会、商业社会相适应，共同创造了古代辉煌的经济历史。

美国曾在独立战争期间通过印纸币的办法来支付开支。"1792 年，《铸币法》规定在费城设立一个铸币厂，并规定美国实行金银复本位制：15 盎

---

1. 郝海迪：《古埃及货币史刍议》，《中国钱币》，2008 年第 2 期。
2. 参见 https://www.docin.com/p-58883378.html。

司银子等于 1 盎司金子。铸币采用公制，铸币种类分为 10 元金币（鹰徽金币）、1 元银币和辅币。美国将不发行全国性的纸币。"[1] 由此可见，美国早期的国家货币经济法与古代社会有很多相似的地方，规定的内容尤其类似。美国国会 1834 年就通过了《货币发行法》，该法将白银与黄金之间的法定比价定为 16：1，导致白银价格被严重低估，大量退出流通领域，造成了一般等价物的价值动荡，损害了经济。南北战争后，美国政府一直试图恢复黄金支付，于 1870 年颁布了《筹款法》，开始停发美钞，影响了正常的交易秩序。1873 年，美国国会通过了《铸币法》，取消了固定的银币制造，导致了一场"货币造反运动"。1878 年，美国国会通过了《布兰德—艾莉森法》，继续低估白银的市场价值，导致货币本位并非金银复本位制，而是"跛脚本位制"，继而物价一再下跌。这样，美国财政部就依法低价收购了大量的白银，到 1890 年时，共购入了 2.913 亿盎司的白银，价值 3.8 亿美元，可谓盆满钵满。参议院于是在 1890 年通过了《谢尔曼白银收购法》，要求每月购买的白银数量必须是过去的一倍，美国货币的信用受到了严重的威胁。财政部趁机搞投机获得收入，但是风险越来越大。1900 年，国会通过了《通货法》或《金本位制法》，在法律上将美国变成一个完全金本位制的国家，导致 1907 年爆发了一场大恐慌，政府不得不向投资银行家寻求帮助，并由此成立了全国货币委员会和联邦储备系统。

德国在俾斯麦执政时期制定了货币法，使德国经济发展有了可靠的法律保障。德国统一时，面对境内 7 个不同的货币区和 33 个具有钞票发行权的银行，俾斯麦统一德国货币，以马克作为法定货币单位。1873 年，德国建立黄金储备，改银本位为金本位。

以上都是国家货币经济的基本制度，法律规范的基本性质属于经济法，尽管还会匹配相应的行政管理制度，但只说这些经济制度属于行政法是不妥当的。

---

1. ［美］乔纳森·休斯等：《美国经济史》，格致出版社，2013 年版，第 254 页。

# 第三节　国家货币经济法的部门属性分析

## 一、概况

国家货币经济法包含很多关于货币制造、发行、使用、监管以及货币本位制的规定，这些货币经济的法律规范性质种类不一，有的是经济法律规范，有的是商事法律规范，还有的是行政法律规范，需要具体规范具体分析，不能一概而论，都定为经济法或行政法。

例如，唐代法令规定，布帛用作货币流通的法定标准，"绢以四丈为一匹，布以五丈为一端，幅宽不得小于一尺八寸，一般用作货币的绢帛都以匹记，因为一经割裂，价值就会受损……法令并规定绢帛与铜钱的兑换率，（公元）728 年规定为每匹绢值钱五百五十文，但实际上绢钱比价随时间地点而自由波动"。[1] 这些具体的规定可视为国家货币经济的经济法律规范。有了稳定的交换工具，商品经济自然会发达起来。

《唐律疏议·杂律》中写道："诸私铸钱者，流三千里。作具已备，未铸者，徒二年。作具未备者，杖一百。若磨错成钱，令薄小，取铜以求利者，徒一年。"[2] 这说明违反货币制造、使用规定的行为可能需要承担行政责任和刑事责任，货币法的领域中既包含着经济法律规范，也包含着行政法律规范和刑事法律规范。

即使笔者将上述法律法规称为货币经济法，它也不一定只包含经济法律规范，这在法律之中比比皆是，也是法律的一般形式。

---

1. 郭建：《中国经济立法史》，新华出版社，2019 年版，第 166—167 页。
2. 郭建：《中国经济立法史》，新华出版社，2019 年版，第 165 页。

## 二、国家货币经济法具体分析

### 1. 货币经济法

我国《人民币管理条例》颁布于 2000 年，其第二条规定了人民币的种类。涉及人民币的经济活动主要有人民币的设计、印制、发行、流通和回收等。其第三条规定了人民币的无限法偿能力。整个条例都在围绕着上述活动设定相应的禁止、限制规范，提出行为的具体要求与标准，大量的内容都属于经济法规范，当然也包含很多行政法规范，例如由金融行政机构中国人民银行发行、管理、监督、审批，处罚等，这些都是具体的货币经济行政行为。现代社会出现的系统化、专门化的立法方式可以被法律部门理论包容。《人民币管理条例》是一部关于国家货币经济的法律，而不仅仅是货币行政机关的经济行政法，其中有很多法律规范并不直接涉及行政行为，因此可以将这部条例列入经济法部门。这样，各个法律部门的界限就清晰了很多，也与法律部门的概念相吻合，同时又与时代的发展相衔接。

### 2. 商业银行法

在货币经济的基础上，人类有了经营货币的经济组织机构，它属于一种金融商事活动的组织机构。例如，公元前 2000 年，古巴比伦的寺庙就经营金银保管、发放贷款、收取利息业务；在古希腊和古罗马，也都存在经营此类业务的组织机构。在我国，《周礼》中有关于"泉府"的记载，它是一种办理赊贷业务的组织；唐代出现了"飞钱"汇兑组织和"质铺"经济组织；明清时期有"钱庄""票号"。这些组织机构是一种商业化的货币经营机构，涉及此类组织业务的立法主要是商法、经济法和行政法性质的。

英国早期的商业银行还具有发行货币功能，当时英格兰全境约有 800家，经营方法相当凌乱，且享有发行钞票的权利，一遇工商业不景气，此等银行也随之倒闭。[1] 发钞的权利属于国家授权性质的，具有经济法属性。我

---

1. 周大中：《现代金融学》，北京大学出版社，1994 年版，第 162 页。

国北宋的交子最早是成都的富户开设的交子铺印制的，代替铜钱、铁钱流通。国民政府时期的中国银行、中央银行、交通银行和农民银行四大商业银行均可以发行法币，其章程中都明确了经营权受自国家。1928 年发布的中国银行章程第 17 条规定："中国银行受政府之委托，办理下列各项事务。"[1]这就可以看出，商业银行法确实有明确的经济法性质。

我国在 1995 年出台《商业银行法》时，银行基本上都是国营国有。但是，商业银行毕竟是经营性组织，而且各国情况不同，外国私有民营的银行数量众多，我国现在也出现了很多，所以《商业银行法》中存在很多商法法律规范和行政法法律规范。如《商业银行法》第三条规定的业务范围，属于典型的金融借贷业务范围，明显属于商法法律规范，但其业务必须经银行业监督管理机构批准的规定，则属于行政法法律规范。因此，将《商业银行法》列入经济法部门有其历史原因和法律原因。

### 3. 中央银行法

在货币经济和商业银行制度不断发展的过程中，管控和经营货币更高级的制度形式诞生了，即中央银行制度与法律。

1694 年，英国的威廉三世为解决英法战争中的财政困难，设立了英格兰银行，性质为股份公司，可以限制范围发行货币，所筹集资本须借给政府。英国 1833 年银行法规定，该行发行的钞票为法偿货币。英国 1844 年又通过英格兰银行法案，赋予其唯一发钞权利，并划分出业务部和发行部，使英格兰银行逐渐具有中央银行的雏形。[2]

通过银行法使得商业银行逐渐具有了中央银行的性质，货币的发行权被国家垄断，然后货币的重要经营权也被国家享有，这样就可以获得来自货币的重要收入，其与税收、国有国营收入、借债共同成为国家经济的几大支柱。因此，中央银行法成为国家货币经济的高级形态经济法。当然，其也包

---

1. 北光:《中国企业百年批判》，国际文化出版公司，1998 年版，第 342 页。
2. 周大中:《现代金融学》，北京大学出版社，1994 年版，第 254 页。

含一些经济行政法律规范，甚至仍然包含金融、商法的法律规范，毕竟货币的经营存在着重要的营利属性。

新中国的中央银行即中国人民银行成立于 1948 年，成立之初就具有中央银行的基本职能，但是没有专门的法律予以规范。1986 年，国务院发布《银行管理暂行条例》，对银行业及其分类做出基本的规定。1995 年，我国颁布实施了《中国人民银行法》，首次系统化、专门化地规范了中央银行的地位、职能、职责。尤其是其银行业宏观调控的职能，将国家的基本货币制度、中央银行制度、基本的银行业金融制度统一确定下来，确立为国家货币经济法性质，但同时又包含着人民银行行政组织法和行政行为法。例如，第八条规定，中国人民银行的全部资本由国家出资，属于国家所有。这属于经济法规范，确立了人民银行的国有属性。第十条到第十五条，规范了从行政组织设立到职权业务的行为，属于国家银行金融经济制度中的行政法规范。第二十条到第三十条，涉及公开的市场买卖业务，如办理再贴现、提供再贷款，买卖国债、外汇等，虽然是为了进行宏观调控，但毕竟是一种市场行为，有赔有赚，包含着商法的因素。

以上介绍的都是国家获得经济收入的经济行为。国家还有很多获得经济收入的途径和方式。例如，通过管理社会获得收入——大量的行政处罚中包含巨额的罚款，在司法裁判中收取诉讼费，收取各种各样的行政事业费用；通过获取无主物形成自己的经济收入；通过接受赠与形成自己的经济收入等。国家机器的存续需要大量的钱财支持，因此国家必须有自己合理的经济收入渠道与方法。

经济法首先要研究国家经世济民之道，其次再研究如何管理和协调与市场的关系。

# 第七章　国家干预经济法论

## 第一节　概述

### 一、国家与市场

我国古代就有"经济"一词，基本意思是经世济民、经邦济世。现代意义的"经济"一词是清末从日语中翻译过来的。在英语中，"经济"一词最初的意思是治理家庭财物的方法，到近代扩展至治理国家的范围，所涉学科经常被称为政治经济学，后来被马歇尔改称经济学。因此，经济法就是在政治经济学意义上的国家立法。但是，并非所有涉及经济的立法都属于经济法。

在古罗马就出现了公私法划分，各法律部门的标志性名称随着历史的积淀逐渐定形：经济法直接体现国家利益，民商法直接体现私人利益，行政法直接反映国家行政部门的行为。

本书从直接涉及国家经济收入的角度来分析经济立法，从国家的经济收入层面来确定经济法的基本架构，因此书名冠以"国家经济法"。亚当·斯密的《国富论》就是在这个意义上论述的，书名原文为《国民财富的性质与原因研究》，准确地讲，应为《国家财富的性质与原因》。斯密最深刻、最全面、最系统地理解了国家经济的性质，最流利、最清晰、最简练地说明了国家获取经济收入的必要性与途径，第一次以科学的方法来认识、研究国家经济问题，这也是各国经济法学的幸运——拥有了强大的理论后盾。

国家为了能够获得税收、营业收入、借款、货币收入等，必须营造稳定、安全、有序的市场交易秩序，其中一个重要的内容就是构建高效、安全的私法体系。从产权的保护到交易体系、秩序的保护，自古罗马就有了，古代各国也都有相应的私法秩序。但是，无论哪个国家、哪个朝代，无论私法秩序多么完善，总有保护个人意志不周全的地方。因此，国家还必须在私法秩序之外再构建一个公法秩序。

根据前文所述，法律部门是一种法律分类现象，其概念与思想的明确提出很晚，但是现象自古就有，与法律同时产生，这是一种法律逻辑原理。

国家需要营造一个稳定、安全、顺畅的市场竞争与交易秩序，需要对私人做不到或不愿意做的行为予以弥补。在基本的私法秩序之外产生的靠市场无法解决的问题就需要国家的干预，以便将私人交易习惯或私法秩序难以解决的问题用经济法的手段解决，当然，还可以用其他公法手段，如行政法、刑法、社会法等，这样才能营造一个良好的市场交易秩序。如此，则既能保证国家获得源源不断的经济收入，还能维护良好的市场环境。

从历史上来看，纯粹的完全不受国家干预的自由竞争几乎不存在，亚当·斯密所描述的自由竞争只是一种反封建枷锁的理论和政策取向，并非存在完全不受国家干预的自由竞争。1815—1846 年，英国实施《谷物法》便是一例。即使是利用契约宪法建国的美国，也并非纯粹的自由竞争的天堂，汉密尔顿向国会提出的"幼稚工业论"就是明证。经济学上提出的完全自由竞争理论只是一种假设，有研究的价值，但是在现实中，它难以存在。

## 二、国家干预经济法的内容

从古至今，国家对经济的干预种类繁多，目的就是建立一个稳定的交易秩序。因此，结合我国经济法学界多年来的研究成果，本书将国家对市场的干预概括为对个人、经济组织和市场的影响，包括管理、协调、调控、规制、干预、计划、扶持、控制、监管等。

国家对市场的干预可以有一般性的市场秩序维护法，如竞争法类；也可以按照行业分类，如计划法，资源、能源类的行业管理法，其他行业管理法；还可以按照管理要求分类，如经济的促进、扶持等除行业外的各类管理法。

由于互联网的迅猛发展，近些年网络经济快速发展，电子商务后来居上。新经济形式层出不穷，因此，互联网新经济法也在不断跟进。

古代社会的生产力低下，普遍以农业、手工业为主，经济结构比较简单，社会的规模较小，因此法律比较简单，法典单一。在古代，国家的各类政令散见于众多领域，在今天看来，它们都属于法律的范畴。在古代，很多政令的产生随意性较强，缺乏严格的立法程序，缺乏民主性。皇权或王权主宰的法令具有很强的利益集团倾向，皇权和贵族利益至上，因此其经济法规范也显示出这样的特征。但即使是这样，古代国家的职能与今天仍然有很多同质的地方。

国家的经济职能古今中外有很多是类似的，因此，其经济法规范也是类似的。

## 第二节　维护竞争秩序经济法

### 一、竞争法的地位

竞争法属于经济法的基本组成部分。在当今社会的法律结构中，竞争法包括具体的竞争行为规范、消费者保护和产品质量行为规范及其他相关的法律行为规范。

在进行商品贸易的过程中，公平竞争是最基本的市场原则。围绕着价格、技术、服务等各种商业竞争手段，参与者为了逐利这一终极目标而展开了激烈的竞争。

根据现代社会概括的竞争法理论，竞争行为的表现形式多种多样，有的破坏竞争价格，有的破坏竞争对手的利益，有的破坏竞争秩序。如果放任这些破坏性的竞争行为泛滥，则会对市场造成毁灭性的打击。这样一来，就会阻断国家财富的来源，减少国家的税收，影响国家参与经营，妨碍国家借到更多的资金，所以国家自古就对市场竞争行为用法律进行干预。

用竞争法的概念来表述国家对竞争行为的规范，实际上是在帮助人们厘清现代经济法发展的复杂路径。

现代竞争法的出现实则国家政权为了解决不断出现的新的纠纷与争执。在古代社会，各王朝国家的综合法典或简或繁，但均能适应农业时代的社会治理需求。

但是，自人类社会进入近代以来，欧洲资本主义工商业迅猛发展，尤其是工业革命以后，生产力极大提高。马克思生动地描述了这一点："资产阶级在它的不到一百年的阶级统治中所创造的生产力，比过去一切世代所创造的全部生产力还要多，还要大。自然力的征服，机器的采用，化学在工业和农业中的应用，轮船的行使，铁路的通行，电报的使用，整个整个大陆的开垦，河川的通航，仿佛用法术从地下呼唤出来的大量人口，——过去哪一个世纪能够料想到有这样的生产力潜伏在社会劳动里呢？"[1]进入工业时代后，一切都迅猛变化，经济细胞大量分裂，经济格局复杂而又多变，经济形势千变万化，经济需求多种多样，社会变得越来越庞大，原有的法律构架已远远满足不了定分止争的需求。只靠零散的旧法律规定或传统习惯的道德约束已无法解决大工业时代市场中出现的复杂问题了。

---

1. 马克思：《共产党宣言》，见《马克思恩格斯选集》（第一卷）（上），人民出版社，1972年版，第256页。

圈定具体的经济问题，设计清晰的法律概念，描述明确的行为构成，系统设定相应的权利和义务，最后辅之以全面的法律责任配置，用综合的法律手段来解决复杂的新经济问题，体现出来的是国家对新经济问题的处理态度和方法，是自工业革命以来逐渐形成的系统性思维的一种展现，即用系统的法律手段来在经济领域定分止争。因此，创制新的管控经济问题的法律，是一种时代性的需求。

国家为了应对越来越多的不道德竞争行为开始立法，反垄断法应运而生。

## 二、反垄断法的性质

法学界普遍认为，反垄断法属于经济法。从 1890 年美国的《谢尔曼法》开始，现代经济法中出现了独立的反垄断法。

笔者认为，反垄断法在美国的出现只能说明美国在现代经济法领域的立法创新，并非之前不存在反垄断法律规范。

国家针对复杂的市场经济竞争行为进行专门的立法，综合使用各种法律方式针对这一类行为，说明之前这样的问题存在，但并不是很严重，没有对社会的经济秩序构成严重的威胁。进入垄断资本主义时代情况就不同了，由于工业革命的积累和电气技术的引领，再加上银行、股票交易所制度的刺激，资本高度集中，不断增加的巨型企业开始在市场上呼风唤雨，严重扰乱市场竞争秩序，因此，国家不得不创制出专门针对市场垄断这种经济行为的法律，以便精准、有效地解决垄断问题带来的危害。从《谢尔曼法》以后，这种性质的立法就多了起来，满足了现代社会经济迅猛发展的需要。

现代反垄断法的形式在以往社会中并不常见。"这些近代的经济法虽然是从十九世纪末发展起来的，但国家对市场的介入法，在市民革命前就已经存在了。大约从古代起，在存在自由市场的场合，就产生了垄断的倾向，对此是取缔还是利用它来统制市场，抑或是放任、允许这种倾向，就成了一个需要探讨的问题。在古罗马帝国时期，就已制订了被认为明显是垄断禁止法的法律，从中世纪末期到近世纪初期，在商业发达的城市中，仍沿用着这种罗马法。到了市民革命的前后，在英国和法国等国家，经同业公会或国王的特许，进一步制订了对垄断的禁止法。"[1] 这说明反垄断的法律规范或立法在近现代社会之前就出现过，只是到了现代社会更加被需要。

《谢尔曼法》一共8条，分别列举了垄断行为的种类和表现形式，然后根据其危害程度确立了相关的民事侵权责任、行政处罚责任和刑事责任。其第6条还规定了涉及托拉斯的相关财产的没收和进行国有化的方法。

这部法律综合使用各种法律方法应对垄断，这种独立的经济立法我们可以将其列入经济法部门，但不否认其中包含着民事、行政和刑事的法律规范。这个立法对于近代民法契约自由原则也是一个巨大的突破。

## 三、反不正当竞争法的性质

反不正当竞争法与反垄断法类似，是用法律概括出一类竞争行为，然后设定各种综合的法律方法与途径予以规范，包括行政、民事、刑事、经济的各种方法与途径，将国家提供的力量集中在一部法律之中，聚焦在各种不正当竞争行为上。这是举国家的力量专门处理一类法律问题，是现代经济法的一个重要表现形式。

世界上最早制定专门的反不正当竞争法的国家是德国，其反不正当竞争法于1896年通过，1909年首次修订。该法第1条是一般条款：在营业中为竞争目的采取违反善良风俗的行为者，可请求其制止或赔偿损害。这个一般条款定义了不正当竞争行为的一般内涵，设定了民事侵权、行政处置和刑事责任承担的法律方法。这个专门立法已经跳出了民事特别法的圈子，出现了

---

1.［日］丹宗昭信等：《现代经济法入门》，群众出版社，1985年版，第12页。

行政法和刑法的规范，进入了国家维护竞争秩序的经济法阶段。

在此之前，1850 年法国法院在判决书中最早使用了不正当竞争概念。"法国法院根据《法国民法典》第 1382 条之规定，即任何行为使他人受损害者，损害时因自己的过失而致使损害发生之人对该他人负赔偿责任。在对一个具体案件的判决中，使用了'不正当竞争'的概念，并确定了一项原则，即未侵犯工业产权，但在某些商业活动中导致欺诈或者使人误解，或对此负有责任的行为，构成不正当竞争行为。"[1] 这是民事侵权性质的法律规范，但是其难以实现治理不正当竞争行为的目的。

德国创制出系统的反不正当竞争法，不再将该类行为定性为民事侵权行为，而是定性为一种违法的竞争经济行为，有可能按侵权处理，也有可能予以行政处罚，还有可能让其承担刑事责任，综合使用各种法律手段去应对。

在我国，古代就出现了规范竞争行为的法律规定。《周礼》就有规定："'凡天患，禁贵卖者，使有恒贾'，如遇天灾也不允许抬高物价，要维持平常的价格……'察其诈伪、饰行、卖愿者，而诛罚之'，即如发现有出售以伪劣商品假冒好货及哄抬物价者，则加以处罚。"[2]《唐律》还专门针对仗势经营、强制交易和串通行为、价格不公货物质量低劣、数量短少等不正当交易规定了一系列处置和制裁措施。

古代社会并非只有一部诸法合体的法典，可能还有其他一些属于竞争行为类的法律规范的单行法令或规定。

## 四、产品及标准类法律的性质

关于竞争法的范围，学界有的认为其只包含反垄断法与反不正当竞争法，有的认为竞争法应并入市场规制法，因为其中包含产品质量法、消费者

---

1. 种明钊：《竞争法》，法律出版社，2005 年版，第 10 页。

2. 张晋藩总主编，蒲坚主编：《中国法制通史》（第一卷），法律出版社，1999 年版，第 322 页。

保护法等。笔者认为，这些实际上就是竞争秩序维护经济法的重要内容。

关于产品质量或标准的经济立法古代就存在。

"秦朝《工律》规定：'为器同物者，其大小、长短、广亦必等。'即制作同一种类的器物，其大小、长短和宽窄必须相同，目的在于使产品规范化，以保证产品的质量。为此秦建立了生产责任制和产品检查评比制度。在生产的器物上要注明制作官署或工匠名，以便于查究生产者的责任。即所谓'物勒工名，以考其诚'。产品每年评比一次，对'省殿者'，即评为下等不合质量标准者，罚工师一甲，丞和曹各一盾，徒络组（穿联甲札用的绦带）二十根。连续三年为下等者，加倍惩罚。"[1] 从中我们可以发现，秦朝对产品质量的规定非常严格，设定了一系列的生产、制造经济制度，体现的是国家对制造行为的干预思想，如果违反了，则要承担相应的罚款行政责任。这是非常典型的经济法律规范，并辅之以行政法律规范。

《晋令》规定：'欲作漆物卖者，各先移主吏者名，乃得作，皆得淳漆著布器，器成，以朱题年月姓名。'这条规定内容有三：首先，民间造漆器者必须先经过官府的批准；其次，漆器制造必须按一定要求进行，'当淳漆'；第三，制成品后，需用朱砂调漆写上制造时间及制造者姓名。"[2] 这说明西晋时的产品质量立法也是极其严格的，生产资质必须经行政许可，产品必须按照法定的标准生产，还得记名。

《汉谟拉比法典》第235条规定："倘船工为自由民造船，而施工草率，致船当年即发生漏水或其他缺陷，则船工应将此船拆毁并自费重造坚固之船，交还船主。"[3] 这属于产品责任民事法律。作为反映商品生产和交换关系的最完备、最齐全的法律，罗马法更注重对产品质量的调整，规定了卖方对标的物的瑕疵担保的义务。

---

1. 张晋藩总主编，徐世虹主编：《中国法制通史》（第二卷），法律出版社，1999 年版，第 110 页。

2. 张晋藩总主编，乔伟主编：《中国法制通史》（第三卷），法律出版社，1999 年版，第 215—216 页。

3. 法学教材编辑部：《外国法制史资料选编》（上册），北京大学出版社，1982 年版，第 43 页。

　　在近代，欧美国家由于长期奉行自由竞争经济原则，所以契约自由原则盛行。在产品质量纠纷方面，其采取无契约无责任原则，1842 年英国温特博特诉赖特案就是典型的例子。[1]

　　产品责任制度突破契约责任，将产品责任引入侵权法领域，确立了疏忽责任，随后是担保责任、严格责任，逐渐成为一个相对独立的领域，但仍然属于民法的范围。"'产品责任'是消费者保护之核心制度，在世界发达国家纷纷立法保护消费者权益的趋势下，无不对'商品制造人责任'制定专章规范。"[2]

　　美国在 1906 年颁布了《联邦药品、食品管理法》，开现代质量专门化立法的先河，突破了传统的民法框架，进入了现代经济法领域。紧接着一系列专门化、精细化、针对性很强的经济立法纷纷出台，现代质量类经济法逐渐成形。再将这些法律划分入民法或行政法部门已经不合时宜，因为其逻辑框架与概念已经无法再容纳这些法律，只有用现代经济法的国家干预经济思想才能包容，即系统的国家质量或标准经济制度被安排在一些专门的经济立法中，包括经济、民事、行政、刑事等各种法律规范。

　　我国在 1993 年颁布了《产品质量法》，与西方国家常见的产品责任法有所区别，不光确立了责任制度，还将现代质量监督与管理制度植入法律之中，规定了专门化监管机构的地位与职能，还制定了诸如《农产品质量安全法》《标准化法》《计量法》《药品管理法》《食品安全法》《特种设备安全法》《缺陷汽车产品召回管理条例》《食品召回管理办法》《乳品质量安全监督管理条例》等法律法规，体现了国家全方位干预质量行为的经济法理念。这些

---

1. 荣国权：《经济法学讲义》，华夏出版社，2020 年版，第 170 页。案件中的被告赖特是邮车制造商和修理商，他和驿站站长订有契约，为后者提供合格和安全的马车来运送邮件。后被告没有信守承诺，造成原告温特博特在驾驶其中一辆马车时，因马车的一个轮子崩塌而受到伤害。但判决结果是被告不负损害赔偿责任。法院认为，被告保证马车处于良好状态的责任是向另一签约方承担的契约责任，被告无须对马车夫负责。

2. 刘文琦：《产品责任法律制度比较研究》，法律出版社，1997 年版，第 3 页。

法律法规构建了很多重要的经济制度，如标准化经济制度、行政监督管理制度等。

## 五、消费者保护法的性质

产品质量类现代经济法的立法核心是保护消费者利益。

自工业革命以来，机器大工业制造的商品结构复杂，种类繁多，数量巨大，流通速度快、范围广，如果出现问题则举证难、救济难，因此专门化的质量经济立法横空出世。但是，它并不足以保护消费者的全部利益，避开质量问题侵犯消费者权益的纠纷日益增多，从法律的形式上赋予消费者实质的公平正义势在必行。

国家从主体的角度进行专门化立法，赋予消费者法定的身份和经济地位，在普通的民法权利基础之上再创设一些针对消费者特殊保护的民事权利，然后规定相应的民事侵权责任，插入国家干预的典型制度，将侵权补偿原则修改为惩罚性赔偿原则，提供由国家或社会支持下的公益诉讼程序，在私法中注入公法的意志。除此之外，还设定专门化的行政监督机构和消费者保护组织，以实现对消费者的深入保护。这种专门化的经济立法中包含经济、民事、行政、刑事等法律规范，但是，它因国家针对消费者的特殊保护这一经济目的而专门立法，并施以各种法律手段而成为国家干预经济的法律，不再是传统的民法，其中公法的手段日益增多，理念也与私法渐行渐远。因此，发轫于美国的消费者保护法和观念成为消费者保护法律的现代经济法形式。

1962 年，美国总统约翰·肯尼迪向国会提出的消费者权利咨文中，提出了四项基本权利。[1] 联合国在 1984 年通过了《消费者保护纲领》，我国在

---

1.四项基本权利：一是要求产品安全的权利；二是明了产品真相的权利；三是选择产品的权利；四是意见受尊重的权利。

1993 年通过了《消费者权益保护法》。

与产品质量类经济立法一样，消费者保护法也是为了从不同的角度维护正常的竞争秩序，都属于现代国家构建竞争法律秩序的重要表现。这些法律虽然都包含私法的成分，但是公法的因素也很多。由于现代社会的复杂性日益增强，尤其是进入网络技术时代后，公力救济势在必行，国家干预的必要性得到凸显。这正是竞争秩序类经济法的统一特征。

我国古代就存在保护消费者的经济法律规范。

《礼记》中就有记载："用器不中度，不鬻于市。兵车不中度，不鬻于市。布帛精粗不中数，幅广狭不中量，不鬻于市。奸色乱正色，不鬻于市。……五谷不时，果实未熟，不鬻于市。木不中伐，不鬻于市。禽兽鱼鳖不中杀，不鬻于市。"这就是说，不符合标准的器物、还没有成熟的果实等未达到出售标准的产品，都不允许拿到市场上去交易。这说明政府当时就发现了侵犯消费者权益的行为，所以做出此规定，还设置官员进行监管，以维护竞争的基本秩序。

《盐铁论》记载："县官设衡立准，人从所欲，虽使五尺童子适市，莫之能欺。"[1] 这条规定规制了缺斤少两的不法行为，让大家能够在公平公正的市场上交易，真正做到童叟无欺，以保护消费者。

《唐律疏议》规定："诸造器用之物及绢布之属，有行滥短狭而卖者，各杖六十。"这条规定，说明了对违法者所做的处置——杖打六十下。

对缺斤短两者处罚以行政责任，对销售者进行经济行为规范，其最终目的是保护消费者。

---

1.恒宽：《盐铁论·禁耕第五》，参王玉臣主编：《中华传世名著》（第三卷），延边人民出版社，第 1600 页。

# 第三节 国民经济计划经济法

计划是人类经济生活中常用的方法，历朝历代都不乏对经济进行计划的例子。

目前，很多国家都存在国民经济计划，也都伴随有相应的计划法案或法律。

笔者考证过计划经济体制产生的历史渊源。马克思在《共产党宣言》中提出了计划经济的理论，德国创制了第一个计划经济的实践样本，并影响着列宁开创了苏联的计划经济，即实行战时共产主义政策和新经济政策。德国在1914年通过立法创建了一系列政府经济管理机构，并颁布了卡特尔化法律以促进经济集中，便于国家控制各行各业。而这一切都源自德国俾斯麦时代的国家管制资本主义经济立法。[1]

为使苏联成为先进的社会主义工业化强国，1927年12月，联共（布）召开第十五次代表大会，通过了关于制定发展国民经济"第一个五年计划"（1928年—1933年）的指示。联共（布）党中央责成古比雪夫领导制定"第一个五年计划"的工作。1929年4月召开的联共（布）第十六次代表大会和同年5月召开的苏维埃第五次代表大会批准了"一五"计划方案。这是人类历史上第一个社会主义国家的计划经济法案——苏联共产党和政府为摆脱苏联落后的农业国面貌而实行大规模有计划的全面的社会主义建设。该计划中包括侧重发展重工业的内容。这是人类历史上第一次按照预先编制的详细计划进行建设经济的开端。

还有国家专门制定计划经济法。罗马尼亚1949年颁布的第一号法律就是关于计划的法律，1979年其大国民议会通过的《罗马尼亚经济和社会发

---

1. 荣国权：《经济法风云录——现代经济法历史和逻辑考察》，华夏出版社，2021年版，第161—164页。

展计划法》，是现行有关计划的全面的法律。南斯拉夫 1976 年颁布了《南斯拉夫社会计划体制基础和社会计划法》。捷克斯洛伐克 1964 年制定的《经济法典》第一篇总则主要规定了国家计划是发展、管理国民经济的主要手段。联邦德国 1967 年制定了《经济稳定与增长促进法》。美国 1976 年制定了《充分就业与平衡增长法》，要求联邦政府采取政策措施，在 1980 年将失业率降低到 3%。

我国于 1952 年由中央财政经济委员会颁布了《国民经济计划编制暂行办法》，1953 年国家计划委员会制定了《关于编制国民经济年度计划暂行办法（试行）》，"一五"计划启动，第一个五年计划报告于 1955 年提请全国人大审议通过。1957 年国务院发布了《关于各部负责综合平衡和编制各该管生产、事业、基建和劳动计划的规定》，1958 年中共中央、国务院发布了《关于改进计划管理体制的规定》，1984 年颁布了《关于国家计划体制工作的若干暂行规定》，1993 年制定了《国家指令性计划和国家订货的暂行规定》等。

计划经济法在现代社会产生。德国为了备战而应用了国家主义的法原理，将自由资本主义时代的贸易机制进行了全面的规制与管控，出现了计划经济模式。这是在自由资本主义法律体系已经很发达的基础上出现的新式法律，人们很陌生，所以在 20 世纪 20 年代，德国出现了研究现代经济法的热潮，对这些与私法自治、契约自由法原理严重不符的干预、统制经济的法律进行深入的研究，结论是，这是一个新的法律部门，与传统的法律部门并列。

社会主义国家从苏联开始构建了计划经济体制，并逐步制定了计划类法律。这些针对经济计划而专门制定的法律主要包括"有关计划管理体制、宏观调控目标体系、宏观调控政策体系、计划主体的实体权利与义务及法律责任等方面的规定……还包括计划的编制、审批、执行、调整、检查与监督等"，[1] 这些法律属于计划经济法。虽然其包含很多行政法律规范，但是其具体的立法目标是规范经济计划行为。

---

1. 杨紫煊：《经济法》（第四编），北京大学出版社，2010 年版，第 437—438 页。

# 第四节　行业类管理经济法

## 一、资源、能源类经济法

　　这一类法律主要的立法目标是国家要从经济的开发、利用、保护角度对资源、能源合理规划、设计，从国家战略经济的层面确立基本的经济制度。在这一类法律关系中普遍存在所有权的问题。

　　古代社会就存在相应的经济法律规范。

　　"传说在禹的时候，对自然资源保护就有禁例：所谓'禹之禁：春三月，山林不登斧斤，以成草木之长；夏三月，川泽不入网罟，以成鱼鳖之长'。这个禁令可以说是我国古代最早的一项保护自然资源和生态平衡的立法。"[1] 这一条规定充满了古人的智慧，顺应了自然法则和经济规律，防止竭泽而渔，保护资源可持续利用，是典型的保护经济的法律。

　　"根据古文献《周礼·地官》的记载，西周时期已经有了蓄水、排水等农田灌溉设施，以及关于矿冶方面的禁令，并设专门官吏执掌其事。"[2]

　　《秦律》中也有类似规定，"春二月，毋敢伐材木山林及雍堤水。不夏月，毋敢夜草为灰，取生荔"，[3] 对于没到时候的资源不乱取，这样就能保护农业经济资源。

　　古罗马还制定了土地法。"公元前 124 年，盖由斯·格拉古当选为保民官，在位期间，他继任其兄长提贝留斯·格拉古的改革路线，提出了一系列改革方案，其一是土地法，旨在完善其兄提出的土地法案。"[4] 该法对土地的

1. 张晋藩总主编，蒲坚主编：《中国法制通史》（第一卷），法律出版社，1999 年版，第 110 页。

2. 肖乾刚：《自然资源法》，法律出版社，1992 年版，第 17 页。

3. 张晋藩总主编，徐世虹主编：《中国法制通史》（第二卷），法律出版社，1999 年版，第 109 页。

4. 徐国栋：《格拉古小麦法研究》，《厦门大学学报》（哲学社会科学版），2013 年第 2 期。

占有数量进行了限制，鼓励合理开发，属于一部带有专门性质的土地资源经济立法。

近现代以来，经济事务日益复杂，专门化的经济立法开始在资源、能源等领域出现。

"资本主义社会诸法分体以来，开始出现了单行的自然资源法规，如1827年法国制定了森林法，1866年美国实施了矿业法，1918年瑞典颁布了水法等。"[1]1869年英国颁布了《保护野生动物的法令》。美国"从1877年的《荒地法》到1878年的《森林和山脉保护法》，这两部法律标志了美国人在扩大定居点的同时，也开始采取行动将'一些东西归还给'大自然……1872年联邦政府又将一大片高原地区单独划拨出来辟为国家黄石公园"。[2] 20世纪初美国在西奥多·罗斯福总统任期内大力推行自然资源保护政策，坚持国家主导、加强法治、科学规划管理，敦促国会通过了《纽兰滋法案》。联邦政府1902年建立了开垦局，1905年建立了森林局，1907年成立了内陆水运航道委员会。

在民商法等私法发达的西方出现了存在国家干预的资源类专门化经济单行立法，虽然其中包含特别物权的内容，但这些单行法已经体现了国家干预的思想。为了合理地利用资源，国家从经济角度引导市场有效开发，这些单行法体现的是国家的意志，因此将其列入经济法部门。

在我国，民国时期国民政府也颁布了一些专门化资源类经济立法，如1929年《渔业法》、1930年《土地法》、1932年《森林法》和《狩猎法》、1942年《水利法》，现代的资源保护、开发、利用的思想开始进入立法。

革命根据地也颁布了一些资源类立法，如1930年《闽西苏区山林法令》、1938年《晋察冀边区禁山办法》、1941年《陕甘宁边区森林保护条

1. 肖乾刚：《自然资源法》，法律出版社，1992年版，第17页。
2.［美］乔纳森·休斯、路易斯·凯恩：《美国经济史》，杨宇光等译，格致出版社，2013年版，第432页。

例》、1943 年《晋察冀兴修农田水利条例》、1949 年《东北解放区森林保护暂行条例》。虽然革命政权彼时处在生死存亡的危急关头，但我党还是关注对资源的合理利用开发，认真考虑资源的经济性，初步确立了我国近现代基本的资源类经济立法格局。

新中国成立后，于 1950 年颁布了《土地改革法》，对土地经济制度进行了彻底的改革。至今，我国已颁布了一系列专门化的资源、能源类经济立法，主要有《土地管理法》（1986 年）、《草原法》（1985 年）、《森林法》（1984年）、《矿产资源法》（1986 年）、《渔业法》（1986 年）、《煤炭法》（1996 年）、《电力法》（1995 年）、《可再生能源法》（2006 年）、《水法》（1988 年）、《野生动物保护法》（1988 年）、《水土保持法》（1991 年）、《海域使用管理法》（2001年）、《深海海底区域资源勘探开发法》（2016 年）、《长江保护法》（2020 年）、《湿地保护法》（2021 年）、《石油天然气管道保护法》（2010 年）、《黑土地保护法》（2022 年）。这些法律秉承了资源类经济法的基本特征，其中也包括民商、行政法律规范，但都是国家为了合理利用、开发、保护资源——这既是经济目标，也是社会目标；既满足了市场经济生产、交换的需要，也满足了实现整体保护资源、进行可持续开发的国家整体目标的需要。这种法律制度，国家的干预目标非常明显，是具有中国特色的资源类经济法。

## 二、金融监管类经济法

本书在前面已论述了货币经济法的重要内容，其属于国家经济收入类法的重要组成部分，同时又有很强的宏观经济调控功能。

在现代经济法形成之时，西方社会在货币经济基础上形成的银行、证券、保险、信托、期货及各类金融衍生品行业在自由经营的基础上，从工农商业的辅助经济体逐渐发展成为主导工农商业经济的经济体，金融行业逐渐相对独立并壮大，操控着巨量的资本，开始向国民经济的各个行业渗透，开始利用金融的专业资金渠道操控各个行业，使得一般的实体经济竞争逐渐演变为资本操控下的泡沫竞争。这些由传统民商法规范的金融行业借着自由竞争的幌子大行操控市场之实，大量的泡沫交易和虚拟资本交易甚嚣尘上，实体经济被严重操控并被掩盖真实的交易数量和内容，金融由辅助实体经济发展的"助手"变成主宰市场交易的"霸主"，它超越国界，要把世界的每一个角落都钻出利润来。巨量的资本实力彰显了资本家集团控制经济的本质，也使各国深感恐惧，因此需要通过国内监管的法律来控制资本泛滥交易，钳制无原则、无底线地攫取资本利润的自由竞争，引导资本做投资的正经生意，规避无限度资本投机带来的恶意竞争。这就是金融监管经济法诞生的背景。

本书在前面论述国家货币经济法的时候指出，建立和维持货币经济的制度自古有之，并在不同国家、不同时代都有或相似或不同的法律规范或专门化立法。尤其到了自由资本主义阶段，金融机构在自由法律框架的支持下迅速发展起来，古老的商业保险制度、欧洲文艺复兴时期的商业银行制度、中世纪末期的远期合约、16 世纪的股份公司制度、17 世纪的证券交易制度和19 世纪末期现代金融信托业的形成，金融成为资本主义崛起和强大的坚强后盾，也成为欧洲各国殖民侵略和发动战争的经济基础。但是，自由主义法律框架庇护下的金融业逐渐像一头脱了缰绳的野马，狂奔了几百年后把资本主义乃至全世界拖入了一场逐利的经济灾难中。

1907 年的金融危机让美国意识到了金融投机过度的可怕后果，于是在1913 年建立了联邦储备系统。

1929 年，美国华尔街股市崩盘引发了金融"海啸"，西方世界进入经济大萧条时代。美国这个金融创新的领头羊首当其冲。信奉自由经济的胡佛总统期望自由市场机制能够克服这一切，但是萧条的持续引起了恐慌。富兰克林·罗斯福上台后开始了专门针对金融业的紧急经济立法。

"百日新政之初，国会便启动了银行改革立法"，[1] 很快出台了《银行业紧

---

1. ［美］狄克逊·韦克特：《大萧条时代》，秦传安译，江苏人民出版社，2015 年版，第 79 页。

急情况法案》、1933 年《证券法》、1934 年《证券交易法》、1935 年《公共事业控股公司法》，1940 年《投资公司法》和《控股公司法》。"在他就任的时候。许多银行倒闭了，还有不少银行受到挤兑，很有可能失去现金储备……1933 年的《银行法》也叫《格拉斯－斯蒂格勒法》，该法为存款在 2500 美元以下的储户提供了担保……商业银行和投资银行分离了，而且不能设立分行。"[1] 从此之后，金融监管制度在法律中不断发展、完善，放任自由的时代结束了。"银行法的最终版本直到国会特别会议召开的一个半小时前才出炉……政府已经被迫介入到保护储户和国家商业的事务之中……我们的首要任务是让所有具备资质的银行重新开业。这是随后采取立法措施打击储户资金的投机行为以及其他损害信托地位的行为所必需的前提。"[2]

从银行业开始，国家对金融竞争行为进行了法律规制，大量设立行政监管制度，确立强制的国家经济要求，硬性规范金融业的竞争，金融监管类的经济法逐渐成形并不断完善。当然，经济法中也包含很多行政法律规范。

我国于 1995 年颁布了《中国人民银行法》，其中规定了监管制度。1995 年颁布了《保险法》，前半部分主要规定保险合同制度，属于商法性质，后半部分属于监管部分，包括经济法律规范和行政法律规范。2003 年颁布了《银行业监督管理法》，制定了中国现代化的专门银行业监管经济法，其中包含很多行政法律规范。2001 年颁布了《信托法》，属于商法部门，2007 年实施的《信托公司管理办法》规定了监管内容。1998 年颁布了《证券法》，其中有专章规定了监管内容。2006 年颁布了《反洗钱法》，系统规定了反洗钱监管制度，是一部专门化的货币监管经济法。2012 年颁布了《证券投资基金法》，其中有专章规定了监管内容。2007 年颁布了《期货交易管理条例》，其中有专章规定了期货业监管经济法制度，2022 年又出台了《期货和衍生品法》，其中有专章确定了已有的监管制度部分。

1.［美］伯顿·W·小福尔索姆：《罗斯福新政的谎言》，李存捧译，华夏出版社，2010 年版，第 139 页。
2.［美］富兰克林·罗斯福：《罗斯福自述走出危机》，张爱民译，新华出版社，2010 年版，第 8 页。

我国自改革开放以来，金融行业发展迅速，但是行业竞争不够规范，有些领域竞争过于泛滥，因此，已经建立的经济监管制度需要与时俱进，这也是国家现代化治理能力提升的体现。这一部分经济法地位特殊，国家需要对混乱的金融竞争行为进行干预，以保证改革事业顺利进行。

## 三、一般行业管理法

对一些行业或经济领域进行立法，以规范该行业或经济领域的正常秩序，建立该行业或经济领域的基本要求，设定相关的权益，作为经济法律规范来讲，自古有之；作为专门化的经济立法，现代社会颇为普遍。

"西周统治者，为使手工业在原有基础上得到进一步发展，在灭商以后，把原来的手工业，按专业原封不动地保存下来，所谓'殷民六族''殷民七族'，他们都是商朝从事各种手工业生产的奴隶，聚族而居在一起生产，如制陶、冶铸、丝织、漆器、玉雕。政府设置各种官职，所谓'百工'进行管理生产，监督奴隶劳动。史书记载，凡调拨原材料，以及生产之成品，都要以法定格式进行登记。"[1] 这说明周代的经济法律规范对手工业整个行业都有涉及，而且还存在严格的管理，体现了国家对行业经济的态度。

汉代的行业管理法也很明确。"武帝天汉三年（公元前98年），作为经济立法的系列举措之一，汉政府的酒类专卖法正式产生。《汉书·武帝纪》：'天汉三年，初榷酒酤'，颜师古注引应劭曰'县官自酤榷卖酒，小民不复得酤也'……榷酒酤又称酒榷、榷酤、酤酒，是政府制定的酒类专卖法规，在酒类的酿造、经营上明确了权利归属，即由政府设置榷酤官组织酒类生产，其产品亦由榷酤官实行统一经销，利润自然由政府掌握。"[2] 这说明汉代的就业管理相当严格，整个酒类行业都被国家专营，专卖立法清晰可见。

1. 张晋藩总主编，蒲坚主编：《中国法制通史》（第一卷），法律出版社，1999年版，第321页。
2. 张晋藩总主编，徐世虹主编：《中国法制通史》（第二卷），法律出版社，1999年版，第459页。

古罗马帝国在公元前 3 世纪之前对工商业活动很少进行国家干预，帝国盛行自由贸易，除税收外，贸易基本由私人掌控。帝国晚期出现经济危机，国家开始对工商业进行管理，将工商业固定在同业行会的组织中。帝国赋予各种行业组织相关立法，并逐渐将各种行业规范并控制起来，在欧洲出现了长时间的行业组织垄断经济贸易。拜占庭帝国在公元 8 世纪就颁布了《农业法》，共有 85 条，有针对性地规范了农村居民的生产生活行为，规定了农村基层组织、土地利用、村庄成员构成以及生产关系的一般状况。[1]这就是古罗马时期的农业经济法，而且呈现出专门化立法特征，并非"诸法合体"，说明古罗马不光有民法大全，还有农业行业经济管理法。《农业法》无法被定性为民商法或行政法，是典型的古代经济法。

日本古代就有了广告经济法律规范。公元 701 年颁布的《大宝律令》规定，市场上的商品应当具备一定的标志，以区别此商家生产的商品与彼商家生产的产品；商店应悬挂招牌，加以区别，以便确定卖方的信用所在。这种规范实际上是对商标广告和招牌广告的行业规范，[2]其性质就是行业监管的经济法律规范。

1651 年英国颁布了《航海条例》，对航海运输行业进行严格的控制与管理，成为保护英国本土航海贸易垄断的法案，使得英国逐渐成为航运业霸主。1719 年英国通过了《泡沫法案》，禁止在未经议会或国王授权的情况下，成立像公司实体那样的联合体并使其份额可转移和让渡。该法使英国公司制度的成长向后推迟了 100 年。《泡沫法案》及其作用后果表明，国家和法律在公司制度的形成过程中并不总是扮演积极推动的角色，有时是消极的甚至破坏性的力量。

德国统一后，为了让东德的农业尽快从计划经济转向市场经济，1990年颁布了《托管法》，1991 年颁布了《农业适应法》，政府投入了大量资金，

---

1. 陈志强：《拜占廷〈农业法〉研究》，《历史研究》，1999 年第 6 期。
2. 参见 https://wenku.so.com/d/17227aee9c67aac5c83e7f8ea4d9430e。

补贴农业，很快建立起了高效、竞争力强的农业经济。后来又颁布了《生态农业法》《有机农业法》，至今，德国已建立起了系统的现代农业生产经营体系，在此，专门化的农业经济法功不可没。[1]

美国1996年颁布了《农业法》，增加对农业的投入与补贴；2002年颁布了《农场安全与农村投资法》，继续加大对农业的投入与补贴，使得美国的农业经济竞争力在国际上变得很强。

为了规范广告行业，英国于1907年制定了《广告法》。美国早在1906年就制定了《联邦药品管理法》，对医药行业进行全面规范。日本在这个领域也立法颇丰，如《电气事业法》《煤气事业法》《水道法》《石油业法》《日本国有铁道法》《日本电信电话公社法》《专卖公社法》等。[2]

行业管理类经济立法已经成为现代国家治理经济的重要法律手段，其内容将越来越深入，范围将越来越广泛。

行业管理类的法律数量众多，而且随着时代的发展会更多，相关规定的专业化程度会越来越高，内容也会越来越细致。我国目前在这个领域的基本经济法有：《农业法》《种子法》《农业技术推广法》《科学技术进步法》《广告法》《药品管理法》《乡镇企业法》《民用航空法》《铁路法》《邮政法》《公路法》《建筑法》《港口法》《畜牧法》《旅游法》《航道法》《出口管制法》《外商投资法》《体育法》《对外贸易法》《台湾同胞投资保护法》《烟草专卖法》《海南自由贸易港法》《中医药法》《城市房地产管理法》《拍卖法》等。

这些专门的经济立法着眼于对行业进行管理、规制，对行业结构进行合理引导，是非常重要的经济法，其内容是行业综合性的法律规范，所以应定性为经济法。

---

1. 林雪梅：《德国农业法律政策的特点、经验及启示》，《社会科学战线》，2012年第12期。

2. ［日］丹宗昭信等：《现代经济法入门》，群众出版社，1985年版，第9页。

## 四、基本经济工具法

国家在干预市场竞争时，会抓住一些重要的经济工具，以便准确定位市场竞争中存在的矛盾和问题，用国家的力量化解市场运行无法解决的问题，恢复正常的市场运行秩序、公平公正秩序。这些基本的经济工具便是维护市场运行的必要手段。早期，很多经济工具都是以商事或经济法律规范的形式出现的，很多相关的法律规定或规范自古就有，后来经过演变、发展，逐渐出现了系统化的专门立法，涵盖了经济法、商法、行政法的法律规范。对于这种专门化的立法，根据近代以来对法律部门与法典的关系分析，将其定位为经济法部门较为妥当。

我国在周代就有关于价格管理的经济法律制度。"根据《周礼》的记载，市场上的商品价格是由市场管理机构确定的。《周礼·地官·司市》载：'市之群吏平肆、展成、奠贾。'"[1]，即官吏在营业之前先确定商品的价格。这种制度能首先确保商品价格的合理性，是我国历史上非常早的价格管理经济法律规范。

宋代官方对于市场物价和非市场物价都有管理。因为官方每年税收中有大量的实物，需要与货币进行折算，包括对田赋实物、禁榷商品、俸禄实物等进行折价，所以建立了物价申报制度，尤其对粮食建立了全面的、长期的干预制度。王安石变法就是起因于"大商人依靠经济实力把持各个商业行会组织，并勾结官僚势力，将官方的各项采购供应转嫁给中小商人或无权势的商人，他们采用'较固取利（垄断市场、独占贸易）'的手段，垄断市场的各项交易，极力压低购价，抬高售价，从中谋取高额利润，结果造成中小商人的赔本破产和城市居民的生活困难，市易法就是在这种背景下颁行的"。[2] "市易法"规定国家设置"市易务"机构，根据政府拨付的雄厚资金，收购或出售商品，主要是为了平抑市场价格，而不是为了盈利。

---

1. 朱红林：《〈周礼〉中所见的商品价格管理问题研究》，《中国社会经济史研究》，2003 年第 2 期。
2. 张晋藩总主编，张晋藩、郭成伟主编：《中国法制通史》（第五卷），法律出版社，1999 年版，第 338 页。

据《周礼》记载，西周国家设立"司会"一职对财务收支活动进行"月计岁会"，又设司书、职内、职岁和职币四职分理会计业务，其中司书掌管会计账簿，职内掌管财务收入类账户，职岁掌管财务支出类账户，职币掌管财务结余，并建立了定期会计报表制度、专仓出纳制度、财物稽核制度等。这说明我国古代就建立了会计、审计等方面的制度，其作为一种经济工作方法已经制度化。

战国时期魏国的《法经》中就包含会计方面的内容，如在会计簿书真实性和保管方面，其规定会计簿书如果丢失、错讹，与被盗数额同罪。

秦汉时期，我国创制了"三柱结算法"——一种单式记账法的形式。《秦律》体现了以具体而严格的规范对财计实行分环节控制的管理思想。

唐代颁布的《长行旨条》是我国财政史上最早的预算制度，也是中国会计史上最早的全国统一会计科目。著名的"四柱结算法"也是唐代创制的。

宋代神宗时，中央设会计司，总考天下财赋入出，总理会计核算事务。[1]

这些说明我国古代的会计制度不仅在商事领域存在，更多的是在国家经济事务中被创制，因此最初体现的是经济法性质的。

西周是我国奴隶制度的全盛时期，为适应国家统治与管理的需要，西周设立了统计组织，创建了统计报告制度，统计工作已扩展到民族、粮食、赋税等方面，产生了统计调查、统计分组、统计预测、统计平均数等思想。这表明统计经济制度在我国古代已经初步建立。从 1975 年出土的湖北睡虎地秦墓竹简中发现，秦代的统计制度已实现了法制化，包括统计报告制度、管理体制和违章处理制度。"从竹简看，作为服务于封建政治经济体制的工具，秦代的统计工作已初具规模"，[2] 其统计报告的内容涉及户口、土地、财物、生产、赋税等各个方面，有《法律答问》《秦律十八种·田律》《效律》《仓律》《金布律》《工律》等，各自都建立了有针对性的统计制度，是古代较为

---

1. 参见 https://www.doc88.com/p-3991037436872.html。
2. 于越：《中国秦代的统计法制》，参见《统计研究》，1986 年第 5 期。

完备的统计经济立法。

在现代社会，资产评估法在内容上当属于商法，其国家监管部分当属于经济法和行政法。但是在古代，资产评估师属于官职，评估属于国家干预经济价格的组成部分。"《周礼·地官司徒·贾师》记载：贾师各掌其次之货贿之治，辨其物而均平之……对于质人这一官职……主要从事的是市场上的货物、奴婢、牛马、兵器、珍异等交易时价格的估定工作。"[1]这是由国家掌控商品价格的评估制度。它为市场提供合理的交易价格，防止价格被垄断，属于典型的市场干预经济立法制度。

我国在基本经济工具法领域主要制定了《价格法》《会计法》《审计法》《统计法》《资产评估法》（监管部分）。这些法律是我国管理经济事务的重要工具，体现国家干预市场经济的重要形式。这也是我国立法机关一直在分类时将其确定为经济法的基本原因。学术界普遍认为，以上法律要么是行政法，要么是商法，这是一种偏颇的认识。历史是最好的明证。翻开历史的法律真实篇章就会看到，欧洲与中国是不一样的。即使我们吸收了西方法律的很多概念、制度和知识，但是我们不能完全割断并抛弃与古代的密切联系。就像我们的习俗、伦理人情等，再现代化也会重重地留有传统的遗迹。检视我国1840年以来的经济法变化就会发现，很多制度实际上都是洋为中用，中学为体，中国化的痕迹很清晰。


# 第五节　国家扶持、促进类经济法


自古至今，国家在市场交易出现困境的时候，总是会提供一些经济上的扶持或促进类政策或法律的支持，古代主要是发布一些法律规范或政令，进

---

1. 王顺林、徐雯雯：《中国古代的资产评估》（上），《中国资产评估》，2010年第5期。

入近现代，逐渐出现大批的专门化经济立法。

战国时的商鞅变法，明确规定生产粮食和布帛多的人不仅可免除本人的劳役和赋税，还可以获得爵位。与此同时，商鞅限制商人经营的范围，对商人重征商税，甚至规定经商破产的人要被收为官奴。这种重农抑商的法律规定奠定了秦国农业和军事的坚实基础。汉代对无地或少地的农民，采取过一些扶助措施，即"假民公田"，就是政府将国有土地（公田）假借给贫民耕种，以缓解农耕行业的矛盾。

古罗马的《市政录》是根据皇帝立奥六世时期（公元 886 年—912 年在位）所颁布的关于各种手工业和商业行会的法令编制的，包括 20 个行业的章程，涉及肥皂商、猪肉商、布商、钱兑商等，表明了国家对首都行会的精密管理和严格控制，极大增强了国家对外的竞争力。[1]这说明皇帝立法支持各个被管理的行业的行会进行垄断经营。由国家提供法律上的支持与促进，帮助排除直接的竞争，保护了首都的这些行业。

在现代经济立法中，德国、日本在发展国家扶持、促进私人资本主义发展的过程中显得非常突出。"为了弥补后进帝国主义国家集积起来的再生产结构的脆弱性而制定的经济政策立法（如经济危机时期的一系列垄断资本救济和扶助立法），具有法的政策化、行政处分化等国家主义的即战前特殊的现代化的性质。不过，这些法律是以公共支出、租税和关税为主要手段，在'私人自治'的范围内，保障垄断'特权'的东西。同时，第一次世界大战时的《军需工业动员法》（1918），其自身虽是包含着明显国家主义法原理的经济动员法，但直到 1937 年还只限于执行平时规定的奖励、补助等的公共支出条款。"[2]在这种历史背景下，现代经济法的形式日益丰富，严重挤占了私人资本主义自由竞争的空间。

日本经济法学家金泽良雄在《经济法概论》一书中，列举了大量日本国

---

1.法学教材编辑部：《外国法制史资料选编》（上册），北京大学出版社，1982 年版，第 218 页。

2.［日］丹宗昭信等：《现代经济法入门》，群众出版社，1985 年版，第 28 页。

家振兴产业的政策法，它们被称为现代经济法。例如，产业结构改善法中有《中小企业结构改善法》《农业结构改善法》《渔业结构改善法》等；行业振兴法中有《沿海渔业振兴法》《飞机工业振兴法》等；行业促进类法律有《中小企业现代化促进法》《中小企业振兴资金促进法》《农业现代化资金促进法》等；扶持类法律有《果树农业振兴特别措施法》《机械工业振兴临时措施法》《渔业重建整顿特别措施法》《电子工业振兴临时措施法》等。[1] 这些法律数量庞大，内容细密，经济政策法律化的外形明显，是支持日本经济腾飞的重要经济法基础，在全世界的经济法体例中独特又影响力强大，成为现代世界各国学习的榜样。日本借鉴了德国的经验但又远超德国。

我国在这个领域也制定了一系列相关的法律，如《中小企业促进法》《清洁生产促进法》《农业机械化促进法》《乡村振兴促进法》《循环经济促进法》《电影产业促进法》等，使得我国产业扶持、促进类经济法的形式越来越丰富。我国目前已经成为全球第二大经济体，经济增长的潜力仍然巨大，国家政权力量在引导市场竞争领域所起的作用巨大。我国有社会主义公有制的优势，国家经济力量引导着市场走向健康运行之路。

另外，国家引导、支援经济的行为也很普遍。例如，2008 年国务院颁布《关于创业投资引导基金规范设立与运作指导意见的通知》、2015 年财政部颁布《政府投资基金暂行管理办法》，规定了政府引导基金的基本性质与行为模式；各级政府要通过预算安排，以单独资本或社会资本共同出资设立，采用股权投资等市场化方式引导社会各类资本投资经济社会发展的重点领域和薄弱环节；政府投资基金募资、投资、投后管理、清算、退出等通过市场化运作；政府不参与日常管理。

各地方也有相应的政策实施细则出台，如《丰台区产业发展引导基金管理办法（试行）》《襄阳市汉江产业股权引导基金管理暂行办法》《临沂市产业引导基金管理办法》等，都属于典型的经济法范畴。

---

1. ［日］金泽良雄：《经济法概论》，甘肃人民出版社，1985 年版，凡例法令简称第 1—5 页。

这是国家干预或支持市场的重要法律规范集合体，充满了"经济性"与"引领性"和"规制性"，具备经济法的重要特征。

# 第六节　互联网新经济法

## 一、神奇的互联网经济时代

计算机、互联网本身是一种新技术，其使用涉及人类社会的诸多方面，包括政治、经济、法律、文化、生活等，其立法可能涉及各个法律部门。其中涉及经济管理、产业化等内容的可归入经济法部门。

新经济的迅速崛起为国家带来了繁荣的力量，但是由于其"野蛮生长"，也给社会生活和经济秩序带来了冲击。因信息时代疾步到来，世界各国的法律，对此都没有做好充分的准备。自第二次工业革命以来形成的法律秩序受到了挑战，新中国自改革开放以来形成的法律秩序也受到了挑战。

生产力的迅猛增长让所有的民族和国家都始料未及，地球村的梦一下子就实现了。

新经济第一个突破传统经济的特征是免费。电子邮件居然可以免费收发，传统的邮局和邮票一下子被置于尴尬之地；新闻可以免费阅读，还可以免费下载，颠覆了传统经济营利性的"三观"，形式上突破了"理性经济人"的基本理念。

新经济第二个突破传统经济的特征是数字化。大量的实体行为被浓缩为一些简单的电子数据，通过"信息高速公路"以光速在"地球村"传播，突破了第一次、第二次工业革命以来形成的生产交易模式，海量、高速、穿越时空的信息成为引领经济的"火车头"。马克思在《共产党宣言》中对自由资产阶级创造的生产力的夸赞可以再一次被引用，信息经济革命时代创造的生产力是前两次工业革命的总和也无法比拟的。

面对这样一个时代，在前两次工业革命时代创造的法律体系已经无法满足社会的交易需求，必须创造出与时俱进的法律制度与理论。

## 二、互联网经济时代的经济法

### 1. 国外相关的互联网经济法

美国是互联网经济的创始国家，从技术到产业都走在世界前列，因此相应的立法也同时跟进了。从 1996 年到 2001 年，美国通过了《禁止电子盗窃法》《反域名抢注消费者保护法》《数位千年版权法》《互联网税务自由法》《儿童在线保护法》《美国商标电子盗窃保护法》《儿童互联网保护法》《全球及国内商务电子签名法》和《统一电脑信息传送法》等一大批法律法规[1]，体现了美国通过法律对互联网行业和经济模式的干预与管理，保证了互联网技术推进产业革命的健康性与先进性，钳制了互联网技术对产业的破坏与阻碍，体现的是国家对这种新技术、新经济模式的干预和管理、引导的态度，而不是市场原教旨主义所鼓吹的绝对自由——营业的绝对自由和契约的绝对自由。

英国 2003 年制定了《通信法》，依法设立了通信办公室，"从广播电视、电信业的技术标准、资格准入，到电子邮件、电信资费、节目内容，都进行统一的管理"，[2] 是法定的互联网监管机构。除此之外，英国还制定了其他相应的法律，如《数据保护法》《官方秘密法》《紧急通讯与互联网数据法》等，结合英国的判例法传统，英国形成了互联网技术和行业方面的基本法律框架，其中包含着经济法、行政法、社会法等部门。

澳大利亚 2000 年正式实施《广播服务修订法案》，2003 年颁布了《反

---

1. 余晓葵：《美国网络立法调查：起步最早法律数量最多》，《光明日报》，2012 年 12 月 21 日。
2. 周丽娜、余博：《英国对互联网新闻信息的法律规范》，《国际传播》，2016 年第 2 期。

垃圾邮件法》，各机构在《互联网审查制度》的框架下开始细化。2003 年出台《互联网服务提供者强制过滤计划》，2006 年出台《互联网提供者强制过滤 / 封锁计划》，2007 年颁布《传播立法修正案（内容服务）2007》，规定了各种互联网审查新规定，逐渐开始对服务商实施强制审查，成立了专职的互联网管理机构——传媒局。[1]

以上法律法规中包含着众多的经济法、行政法、商法和社会法规范，其中经济法规范多表现为对互联网经济行为的国家干预。

欧盟自 1993 年成立后一直致力于网络技术与经济安全的法治建设。1995 年欧盟公布绿皮书《移动和个人通信的共同方案》，还提出了各成员国的互联网统一准则。1999 年欧盟发布指导性文件《通信回顾——对于电子通信基础设施和相关业务的行政管理新体制》。2000 年欧盟启动"电子欧洲"互联网发展计划，并颁布《网络刑事公约（草案）》，它是世界上第一个针对网络犯罪制定的区域性法规。后又发布《打击发布有害的网络内容以使因特网更安全的行动纲要》。2001 年欧盟发布《网络和信息安全提案》。2012 年欧盟发布《关键信息基础设施保护：面向全球网络安全的决议》，首次提出全球化的网络安全目标。另外还有《欧盟网络安全战略》《关于惩治攻击信息系统行为的指令》《网络与信息系统安全指令》。[2] 欧盟首先确立了互联网技术的指引规范和命令规程，其次确立了互联网经济的行为标准，这些内容有很多都属于互联网经济法规范。即使将以上这些内容多数都归入行政法部门，其中也包含着丰富的经济法规范。

### 2. 中国的互联网经济法

我国从 1994 年正式接入国际互联网。2000 年全国人大常委会通过了《关于维护互联网安全的决定》。目前，我国有《电子签名法》《关于加强网络信息保护的决定》《网络安全法》《电子商务法》《数据安全法》和《个人

---

1. 李斌：《澳大利亚如何依法治网》，《国际媒介》，2015 年 5 月。

2. 付凯等：《欧洲互联网治理对我国的启示》，《信息通信技术与政策》，2018 年第 6 期。

信息保护法》。另外，我国还制定了如《计算机信息系统安全保护条例》《计算机信息网络国际联网管理暂行规定》《计算机信息网络国际联网安全保护管理办法》《互联网信息服务管理办法》《计算机软件保护条例》《外商投资电信企业管理规定》《互联网上网服务营业场所管理条例》《信息网络传播权保护条例》《出版管理条例》《电信条例》等。

我国互联网行业管理和监督问题日益突出，因为这个行业崛起的速度太快，形成的体量巨大，渗透进传统社会的各个领域，法律需要迅速跟上。

# 第七节　其他

除了以上组成部分外，经济法中还存在一些无法纳入以上门类的内容，在编列体系时可以考虑用"其他"来界定，这样既避免了逻辑上的漏洞，也与法律的实际情况相符。

这就像搭积木，需要将历史形成的法律法规，深入地进行逻辑分析，认真地进行归类，然后结合经济法大纲、经济法典研究等，定出中国的合理排列体系。

# 第八章　部门法概念及思想演进的历史

解读完国家经济法的基本原理、结构与历史变迁后，还应当从法律体系组成的角度对各个部门法概念和思想进行进一步考察，这样就可以更加深入地剖析国家经济法的性质，以求精准理解经济法。

法律部门的概念实际上是对法律逻辑结构的一种描述，是从人类文明社会最本质的角度进行的逻辑划分。这些概念的提出不是整齐划一的，而是经历了不同的发展阶段。

下面对它们进行一个溯源式的梳理，以便突出经济法部门的特征，让读者深刻理解法律部门的表现形式，这样就能更加清晰地掌握国家经济法的准确法律地位。

## 第一节　传统的情况

### 一、刑法部门

#### 1. 国外的刑法部门

在国外很早就有了刑事法律规范，也就存在了刑法法律部门。

大约公元前 20 世纪的《埃什嫩那国王俾拉拉马的法典》第 24 条规定：

"倘自由民并无他人所负任何之债，而拘留穆什钦努之妻以为质，并扣留此质于其家直至于死，则此为生命攸关之法律问题，取人为质者应处死。"[1] 该刑事法律规范距今已 4000 年了，明确规定了行为模式与处罚结果。公元前 18 世纪的《汉谟拉比法典》第 3 条规定："自由民在诉讼案件中提供罪证，而所述无从证实，倘案关生命问题，则应处死。"[2] 这样的刑事法律规范在该法典中为数不少，说明古巴比伦当时的统治中刑法部门占据着很重要的位置。公元前一千年前的《阿帕斯檀跋与乔达摩法律汇编》一共四个部分，其第三部分为"犯罪的惩罚"，分三小部分共 22 个条文，可谓非常集中的刑事法律规范篇章。公元前 5 世纪古罗马的《十二铜表法》第 8 表第 10 条规定："如有人放火烧毁建筑物或堆放在房屋附近的谷物堆，而该犯罪者系故意为此者，则令其带（戴。——编者）上镣铐，在鞭打之后处以死刑。"[3]

古代外国的刑法基本上都表现为专横与残酷的规则，普遍为统治阶级镇压被统治阶级的工具，完全符合马克思主义的定性。

刑事法律部门很早就产生了，但是很少有专门的刑事法典或专门化的立法。即使 1215 年颁布的《英国大宪章》，也是刑事法律规范与其他法律规范的合体，例如第 21 条规定"伯爵与男爵犯罪者，只应由其贵族并视其犯罪之程度科以罚金"，[4] 第 23、24、25、26 就成了行政法律规范，第 27 条又成了民事法律规范。1679 年英国颁布《人身保护法》，其中主要是刑事法律规范，20 个条款中有 17 个涉及刑事和刑事诉讼法律规范，可以从中窥见其向近代化演进的痕迹。

欧洲近代的思想启蒙运动开始重视人权，否定封建刑法的随意性与严酷，倡议罪刑法定。1764 年贝卡利亚发表了《论犯罪与刑罚》一书，系统阐明了刑事古典学派的观点，成为近代大陆法系刑法的理论基础，也是刑法

---

1. 法学教材编辑部：《外国法制史资料选编》（上册），北京大学出版社，1982 年版，第 7 页。
2. 法学教材编辑部：《外国法制史资料选编》（上册），北京大学出版社，1982 年版，第 21 页。
3. 法学教材编辑部：《外国法制史资料选编》（上册），北京大学出版社，1982 年版，第 153 页。
4. 法学教材编辑部：《外国法制史资料选编》（上册），北京大学出版社，1982 年版，第 252 页。

学作为一门独立学科产生的标志。后来又经费尔巴哈、菲利、李斯特等人的发展，出现了刑事古典学派与刑事实证学派，逐渐形成了科学的刑法学理论体系。1801 年费尔巴哈所著《德国刑法教科书》一书出版，标志着刑法学作为一门规范学科的确立。"托斯堪尼的利奥波德二世和奥地利的约瑟夫二世先后于 1786 年和 1787 年制定了刑法典，其中废除了死刑、刑讯逼供、烙印、羞辱刑和没收全部财产的制度。"[1] 这体现了近代刑法在形式上的巨大变化，大量的刑事法律规范被集中、统一地规定在一部法典之中，体现了法典的系统化与规模化，也体现了立法的科学性。在此基础上，1810 年法国颁行了《刑法典》，使刑法部门的法典化登峰造极，影响了全世界的刑事立法。此后，很多国家均按照这种模式制定了刑法典。

### 2. 中国的刑法部门

我国的刑法部门自古有之。

在古代，"刑"的称谓出现得很早。"《夏书》曰：昏、墨、贼、杀，皋陶之刑也……杜预注：《逸书》，三者皆死刑……叔向认为，晋国《刑书》中'昏、墨、贼、杀'的规定最早是皋陶所制，后来夏朝的法律沿袭……此外，《汉书·刑法志》还记载：'禹承尧舜之后，自以德衰，而作肉刑。'"[2] 这是中国最早的关于刑法的记载，包含着刑、罚、犯罪的内容。公元前 359 年商鞅以《法经》为蓝本，改法为律，有了《秦律》。后来我国又有了《汉律》《唐律》等，刑事法律规范包含在这些律中，呈现"诸法合体"的特征，但是刑事法律规范居多。这一点就不像经济法和社会法。古代没有见过经济法和社会法的称呼，所以我们需要对不同法律部门在历史上的表现形式与概念、称谓进行考察，以区别各法律部门的不同之处。

我国古代也有刑事法律的概念分类。"臣惟编纂法律，有体有用，先体后用，其势乃行。现行律例以吏、户、兵、刑、工分类，本沿明律之旧，官

---

1. 由嵘：《外国法制史》，北京大学出版社，1992 年版，第 323 页。
2. 张晋藩总主编，蒲坚主编：《中国法制通史》（第一卷），法律出版社 1999 年版，第 101—102 页。

制改后，名实已乖。近年新政新法渐次增行，国际交涉日益繁重，实非旧例所能赅括。"[1]

自 1840 年以来，"西法东渐"，中华法系的体例有了变化。"盖东西诸国法律皆分类编订。中国合各项法律为一编，是以参伍错综，委曲繁重。今日修改法律，自应博采东西诸国律法。"[2]因此，我国的刑法部门也开始像大陆法系国家一样开始了法典化进程，专门化、系统化的刑法典取代了诸法合体中的刑事法律规范，刑法法律部门在外观上开始了近代化的历程。

1887 年黄遵宪完成了《日本国志》一书，其中包含《刑法志》的内容，是对日本 1880 年《治罪法》和《刑法》的译述，后来沈家本修律时引入了"刑法"一词。

晚清变法开启了新式刑法立法的步伐。"1911 年颁布的《钦定大清刑律》是清廷为未来新政准备的新刑法，故当时颁而未行，但它却开创了中国刑法近代化的先河。民国时代的刑法虽各有特色，但就其渊源而论，无不以《钦定大清刑律》为宗。"[3]这部专门化的刑事立法属于西方法学和法治的范畴，但是也结合了中国的传统，其名称上并没有改律为法，但是其形式上是革命性的，突破了中国古代"诸法合体"的立法形式，融入了大陆法系法制近代化的历史潮流，拉开了中国以部门法的思想分门别类立法的大幕。

1912 年袁世凯发布《暂准沿用前清法律及新刑律令》，同年推出了《暂行新刑律》，后两度进行修订。

以北京政府第二次修正案为基础，1928 年南京国民政府颁布了《中华民国刑法》。为了适应国内外形势的变化以及受国外刑法理论和立法发展的影响，1935 年南京国民政府又颁布了新的《中华民国刑法》。我国刑法立法形式的近代化变革逐渐完成。大陆法系法律部门划分的科学思想深入到近代

---

1. 李贵连：《沈家本传》，广西师范大学出版社，2017 年版，第 368—369 页。
2. 李贵连：《沈家本传》，广西师范大学出版社，2017 年版，第 369 页。
3. 张晋藩主编：《制度、司法与变革》（近代化卷），法律出版社，2015 年版，第 331 页。

中国刑事立法之中。

在同时代，中共苏区、边区革命政权也都制定了相应的单行刑事法规，以满足防范和打击犯罪的需要。

新中国成立后至改革开放前，我国有很多刑法性质的中央政策、中央文件，以及一部分单行本刑法性质的条例。这些规范性文件实际上都起着刑法的作用，只是没有制定成刑法典，立法的形式上也没有大陆法系国家那么严谨。

1979 年我国制定《中华人民共和国刑法》，这是新中国第一部专门化的刑事法典，在立法形式上再次统一了我国的刑事法律规范。

1997 年，我国对《刑法》进行了大规模修订，至今又产生了十二个修正案，还有大量的立法解释、司法解释等，它们共同组成了当代中国的刑法法律部门。

## 二、民法部门

### 1. 国外的民法部门

民法的概念自古罗马就明确出现了。古罗马在公元前 3 世纪中叶就区分市民法与万民法。在公元 530 年左右，东罗马帝国完成了《查士丁尼民法大全》，其中有大量的民事法律规范，并且有了民法的概念。这个传承超过了千年，法律界与学术界从来没人对存在民法法律部门有争议，民法的概念也是清晰的。

经历了中世纪的发展，教会法、城市法、封建法、庄园法、王室法、商法纷纷登台，罗马法中民法的概念与制度仍然在延续。"在 11 和 12 世纪复兴了对罗马法的研究的欧洲法学家们，却开始依据一般原则和一般概念对庞大的罗马法律规则予以系统化和协调化"，[1] 但是尚没出现科学意义上的"民

---

1.［美］哈罗德·伯尔曼:《法律与革命》，中国大百科全书出版社，1993 年版，第 181 页。

法"一词。作为法律部门的严肃意义上的"民法"一词，还是在严谨的学术研究中被概括出来的。"阿佩尔（1468—1536）在《系统化的辩证理性在法律知识中的运用》中将'民法'定义为关于财产、契约、侵权的法律以及其他调整私人之间关系法律的总和，从而首次在与公法相对的意义上使用'民法'一词。"[1]

不能说之前不存在民法法律部门，但是在科学意义上使用"民法"一词还是阿佩尔的功劳。"拉格斯（1499—1546）在《两种法律的系统化阐述》中基于法律种属概念进行划分，绘制了一幅宏大的法律体系蓝图。"[2]这并非民法部门的出现，而是民法部门思想被初步提炼、概括出来。1756年《巴伐利亚民法典》清晰地使用了"民法"一词，民事法律部门的集中化表现形式被清晰地创制出来，而后才有了1804年《法国民法典》。此后制定的商法典、刑法典、民事诉讼法典、刑事诉讼法典使得法典的概念与法律部门的概念有了交叉的情形，很多人误以为法典就是法律部门的代表形式，其实不然，民法典中可能存在行政法律规范、经济法律规范。现在世界很多国家都有了民法典或民法，也都清晰地使用着民事法律部门的概念。

而对于民法学的研究自古罗马时期就非常盛行。《学说汇纂》与《法学阶梯》既是研究私法之上作，又融古罗马之立法理论于一体。中世纪时，欧洲最早的大学博洛尼亚法学院就设置了法学专业，主要研究古罗马私法。后来由于罗马法的散佚，研究中断了很多年。在11世纪发现了《查士丁尼民法大全》的正本后，对罗马法的研究开始复兴，从注释法学派开始，民法学的发展蓬勃兴旺。

### 2. 中国的民法部门

根据张晋藩教授的观点，我国古代就有民事法律部门，只是没有类似于《查士丁尼民法大全》那样称呼的立法，更没有如近代西方所创制的近代化

---

1. 朱晓喆：《欧陆民法思想史——十六至十九世纪》，清华大学出版社，2010年版，第38页。
2. 朱晓喆：《欧陆民法思想史——十六至十九世纪》，清华大学出版社，2010年版，第40页。

民法典。"平心而论，中国古代历朝律典均含有民法内容，春秋之世，刑为镇服庶民之工具，礼则为贵族生活的规范。礼所规定之人事与亲属二者，周详至极，而《荀子·礼论》之论述，乃确定权利义务之所在。这些均应看成是民事法律规范之发端。以后各朝律典中户役、田宅、婚姻、犯奸、钱债、户口、田赋等基本制度，也应视为一种民事法律规范。只不过，这些民事法律规范并未专门独立立法，而是杂糅在刑典之中……稀释于刑律中的古代民事规范，不能称为严格意义的民法。沈氏的《大清民律草案》的出现，可以说是中国专制体制下第一部完整表露私权的法律形式的表征。"[1] 这段论述把中国民法法律部门基本讲明白了，即古代就存在民法部门，只是没有专门化的民事立法，到了近代才在西方法治的影响下出现了专门化的民事立法。但有一点，其认为古代民事法律规范不能称为严格意义的民法，逻辑上有问题，把法律部门的概念和法律形式的含义混淆了。

1910 年编纂完成的《大清民律草案》是中国近代第一部专门化的民事立法，对于突破中华法系的传统，具有开中国近代民法史先河的开创性意义。[2] 民事法律部门第一次被立法清晰、完整、系统地表现出来，只是当时的概念中西结合，叫民律，而不叫民法。1925—1926 年，北洋政府编纂了《民国民律草案》，但未能实施。1929—1931 年，国民政府颁布《中华民国民法》。

从晚清修律开始，近代民法学在我国逐渐兴起。民法学作为一个学科逐渐确立，北京大学、北京朝阳大学等开设了民法学课程。

新中国成立后，曾于 1954 年、1962 年、1979 年和 2001 年先后四次启动专门化民法典的立法工作，由于条件不成熟，先制定了一系列民事单行法，1986 年实施了《民法通则》，2017 年实施了《民法总则》，2021 年实施了《民法典》，将民事法律部门专门化立法逐步推向极致。但即使如此，《民法典》

---

1. 陈世和：《中国变法历史风云录》，法律出版社，2016 年版，第 280 页。
2. 陈世和：《中国变法历史风云录》，法律出版社，2016 年版，第 277 页。

也不是民法法律部门本身，而只是民法部门的集中表现形式。大量的民事法律规范还存在于《民法典》之外，它们都属于民事法律部门的组成部分，而《民法典》中仍存在行政法律规范，如物权登记、婚姻登记等法律规范。

古代社会就有民事法律规范，进入现代社会又有了民法典，这些都说明作为法律部门，民事法律部门自古有之，只是在不同的时代表现形式不同而已。

# 三、诉讼法部门

## 1. 国外的诉讼法部门

在国外，诉讼法部门古代就出现了。《汉谟拉比法典》就有诉讼法律规范。"第三条：自由民在诉讼案件中提供罪证，而所述无从证实，倘案关生命问题，则应处死。第五条：倘法官审理讼案，作出判决，提出正式判决书，而后来又变更其判决，则应揭发其擅改判决之罪行，科之以相当于原案中之起诉金额的十二倍罚金，该法官之席位应从审判会议中撤销，不得再置身于法官之列，出席审判。"[1] 根据古埃及的法律，"埃及的司法尚未从行政部门分离出来独立行使审判权……埃及法院一般采用对抗式的诉讼程序，原告有责任向法院提出起诉的理由"。[2]

公元前 1300 年前，古希伯来就存在诉讼程序。"当事人一方可到城门长老处申诉；原告立于被告之右，以口头进行申诉；长老询问证人，调查事实，最后判决。不服判决者，可逐级上诉，直至国王法庭。采证的方式，有关刑事案件最少有证人二人，证据才能成立，采用法定证据主义；民事采用宣誓主义。"[3]

---

1. 法学教材编辑部：《外国法制史资料选编》（上册），北京大学出版社，1982 年版，第 21 页。
2. 由嵘：《外国法制史》，北京大学出版社，1992 年版，第 11 页。
3. 由嵘：《外国法制史》，北京大学出版社，1992 年版，第 19 页。

这些记载说明古代就存在诉讼法律部门，只是没有像现代社会一样的专门化的诉讼法典。法律部门的存在就应以是否存在相应的法律规范作为标准，而不以是否有专门的法律或法典为标志。

在古罗马，"盖尤斯的《法学阶梯》以及《查士丁尼法学总论》均以人法、物法和诉讼法的顺序为其体系"。[1] 这时候的诉讼法规范出现了集中立法的情况，表现了诉讼法部门的集中外形。

到了近代资产阶级社会，法国出现了专门化的大规模诉讼法典。1806年的《法国民事诉讼法典》，1808年的《法国刑事诉讼法典》，这些专门化的诉讼立法标志着近代人类法律文明的进步，是工业革命带动的社会剧变在法律上的反映，构建了诉讼制度的法律结构，是诉讼法律部门的近代表现形式。

**2. 中国的诉讼法部门**

我国自古就有诉讼法律规范。

"夏朝设地方与中央两级司法机关，士或礼为地方司法官，掌管辖区内刑事、民事案件的审判。大理为中央司法长官，掌管全国性案件的审判"，[2] 有民事和刑事的审判法官，有审判活动，虽未发现文字记载关于夏朝诉讼的法律规范，但是其存在是毋庸置疑的。

商朝也有司法机关，中央的长官称为"司寇"，地方的案件由诸侯审理。"凡是刑事或民事案件，一般是由原告向官府告发而提起诉讼，受理后由行政官吏兼司法官对案件进行审理。"[3] 而且当时有了卜辞和誓言证据制度，审判制度也有了明文记载。"《礼记·王制》：成狱辞，史以狱成告于正，正听之；正以狱成告于大司寇……大司寇以狱之成告于王，王命三公参听之；三公以狱之成告于王，王三宥，然后制刑。"[4]

---

1. 由嵘：《外国法制史》，北京大学出版社，1992年版，第72页。
2. 张晋藩总主编，蒲坚主编：《中国法制通史》（第一卷），法律出版社，1999年版，第117页。
3. 张晋藩总主编，蒲坚主编：《中国法制通史》（第一卷），法律出版社，1999年版，第170页。
4. 张晋藩总主编，蒲坚主编：《中国法制通史》（第一卷），法律出版社，1999年版，第171页。

西周的诉讼制度有"自诉"和"告诉"两类,"告诉"必须有"剂",即诉状,"凡狱讼,有剂官府才受理,无剂则不理。起诉程序中要求原告、被告都必须具备诉状或申诉状。递了诉状以后,民事案件的当事人要纳"束矢",即交纳诉讼费一百支箭。刑事案件的当事人要交"入钧金",即交纳诉讼费三十斤铜。[1]

从夏朝起,我国就有明确的诉讼制度,存在相应的诉讼法律规范,当然可以说中华法系自古就存在诉讼法律部门。此后各朝各代均有相应的诉讼法律规范,一直到晚清末年。

晚清末年,编制专门化诉讼法典的想法出现了。"编订《刑事民事诉讼法》之议,始于光绪三十一年(1905)沈家本、伍廷芳批驳御史刘彭年的奏折。刘彭年要求恢复当时已被命令废除的刑讯制度,同时建议制定诉讼法。沈家本等在批驳了刘彭年恢复刑讯的建议后,对他要求编订诉讼法的建议颇表赞同。但他们认为,民法和两个正式的诉讼法都必须在刑法编订后,才能制定。"[2]这是有关我国近代民事、刑事诉讼法专门化立法的最早记载。

伴随着法律的近代化,中华法系开始接受分门别类立法的西方法系思想,开始集中制定规模化的诉讼法典。这是诉讼法律部门在我国近代形式的变化,并非此时才出现诉讼法律部门。法典与法律部门的概念不能混淆。

进入民国时期,诉讼法开始细化。南京临时政府于1912年3月2日颁布《大总统令内务、司法两部通饬所属禁止刑讯文》,3月11日颁布《大总统令内务、司法部通饬所属禁止体罚文》,规定行政、司法官署审理案件一概不准刑讯逼供,不法刑具悉令焚毁,其罪当处笞、杖、枷号者,一律改为罚金、拘留。违反命令者褫夺公权并治罪。临时政府还拟定了《临时中央裁判所官制令草案》《律师法草案》,主张建立律师制度,实行陪审和公开审判制度。

北洋政府时期,1922年北洋政府制定了《刑事诉讼条例》和《民事诉

---

1. 张晋藩总主编,蒲坚主编:《中国法制通史》(第一卷),法律出版社,1999年版,第332页。
2. 李贵连:《沈家本传》,广西师范大学出版社,2017年版,第366页。

讼条例》，属于专门化的刑事、民事诉讼立法。

国民政府于 1930 年和 1931 年先后两次颁布了《中华民国民事诉讼法》，1935 年又颁布了新《民事诉讼法》。1935 年又与新《刑法》颁布的同时颁布了新《刑事诉讼法》。1944 年还颁布了《特种刑事案件诉讼条例》，作为《刑事诉讼法》的特别法。

中国共产党在苏区革命时期就制定了相关的诉讼法。1931 年制定了《处理反革命案件和建立司法机关的暂行程序》，1932 年制定了《裁判部暂行组织及裁判条例》和《军事裁判所暂行条例》，1934 年制定了《中华苏维埃共和国司法程序》。陕甘宁边区还制定了《民事诉讼条例》，规定免收诉讼费。革命政权的诉讼法律也呈现出专门化立法的特征，只是未按照现代法律部门的体系分类而已。它是为了满足革命政权的临时需要而制定的，具有实用性和法治性。

新中国成立后，1954 年制定了《人民法院组织法》和《人民检察院组织法》，初步建立了刑事、民事诉讼的基础。1957 年《刑事诉讼法草案》开始接受讨论，后经 1963 年修改继续讨论，最终于 1979 年通过，1980 年开始实施。后经历了 1996 年、2012 年和 2018 年的修订，发展成如今的《刑事诉讼法》。1950 年，中央人民政府颁布了《中华人民共和国诉讼程序通则（草案）》，1956 年，最高人民法院印发了《关于各级人民法院民事案件审判程序总结》，1957 年在该总结的基础上又制定了更为全面的《民事案件审判程序》。1982 年，《中华人民共和国民事诉讼法（试行）》正式颁布。1991 年《民事诉讼法》正式施行。1989 年《行政诉讼法》颁布之时，仅中央一级就有 130 多部法律和行政法规对可向法院提起行政诉讼的事项做了表述，如《海洋环境保护法》《海上安全交通法》《治安管理处罚条例》等。1989 年，我国通过《行政诉讼法》宣告行政诉讼制度脱离民事诉讼制度，以法典形式确立我国与刑事诉讼、民事诉讼并立的行政诉讼法律制度。

诉讼法律部门从古至今，跨越时代，变换思想，形式日益完善。

## 四、商法部门

### 1. 国外的商法部门

在国外的法律史中，商法规范很早就有了，也就是说，商事法律部门早就有了。

《汉谟拉比法典》就有商事法律规范："第九十九条：倘自由民以银与自由民合伙，则彼等应在神前均分其利益。第一百零四条：倘塔木卡以谷物、羊毛、油或任何其他资财交与沙玛鲁出售，则沙玛鲁应结算银价，交还塔木卡。沙玛鲁对其交付塔木卡之银应取一个盖章的文件。第一百零五条：倘沙玛鲁对其交付塔木卡之银，疏忽而未取盖章的文件，则此未给有盖章文件之银不算账。第一百零八条：倘卖酒妇不受谷以为西克拉之费，而按超重的砝码收银，而西克拉之定率量比之谷物之定率量为低，则此卖酒妇女应被检举，投之于水。"[1] 这些法律规范生动还原了四千年前的古巴比伦社会的商事法律原貌，对商事合伙和商事交易手段均有相应的规定。

古印度《摩奴法典》也有商事法律规范，"吠舍则牧畜，施舍，祭祀，学习吠陀，商业以及高利贷业，农业"。[2] 从中可以看出种姓制度在商事行业安排上的痕迹，法律规定了某些种姓从事的行业。

在公元九至十世纪拜占庭的《市政录》中有关于君士坦丁堡各种手工业和商业协会的法令汇编，包括金银匠或首饰匠、银行家或钱兑商、丝绸服装商、叙利亚丝绸服装商、生丝商、加工生丝匠、制造紫色布匹匠、麻布商、香水商、蜜蜡和蜡烛商、肥皂商、小零售商、制造皮带匠、屠夫、猪肉商、鱼商、制面包工、饮食店主、承包商。[3] 这是拜占庭时期的行会章程，对于各种商事经营活动都有规范。

类似的商事法律规范在古代很多法典中都能随手拈来，说明商事法律部

---

1. 法学教材编辑部：《外国法制史资料选编》（上册），北京大学出版社，1982 年版，第 30 页。
2. 法学教材编辑部：《外国法制史资料选编》（上册），北京大学出版社，1982 年版，第 108 页。
3. 法学教材编辑部：《外国法制史资料选编》（上册），北京大学出版社，1982 年版，第 218 页。

门在古代就有，只是缺乏专门化的统一商事法典而已。尽管只有零散的商事法律规范，也可以代表商事法律部门的存在。

有学者指出："关于商法的起源，是中世纪晚期的意大利；关于它的进一步发展，是 17 世纪的法国和 18 世纪的英国；而 19 世纪在欧洲则兴起了法典化运动，其中较为重要的是法国、德国和意大利。"[1] 很显然，这是西方学者偏颇的观点，即使在意大利，也不是中世纪晚期，上述的拜占庭帝国的商事法律规范已经证明了这一点。古代各民族的法律中都可能找到商事法律规范，应该说商法部门自古有之。但是近代商法的起源地确实在欧洲。"公元 12—13 世纪，欧洲各国城市中的商法，是罗马法有关商品经济方面法律规范的演化，但具有了一定程度的资本主义萌芽的性质，标志着近代商法的开端。意大利是罗马法复兴的策源地，也是最早形成商法的地方。"[2] 这里所说的商法是近代商法。

中世纪的意大利出现了很多自治城市和有组织的商人团体，如商会，其经国王授权制定了很多商事规章。"这些规章的制定，所遵循的原则是：不得与市政当局的总体性法律发生冲突；必须与商务活动有关；必须是公正合理的。在这些规章中，都渗透着罗马法的内容和商业习惯。这些法律原则和基本内容，通过法学家的著作变成了西欧各国城市调整诸如银行业、票据交易、典当业、船舶登记和载货，以及保险等业的法律规范的内容。商业关系的固定化，促使具有实质性的统一商法和海商规则的形成和发展。意大利的商法，具有领先的地位，是综合性的、详细的和统一的法律。"[3] 这段论述概括了近代商法在意大利的规模化发展，它从形式上逐渐整合，从内容上逐渐统一。

欧洲各国，包括英国，在中世纪时都出现了统一的商法，还出现了商事

1. ［意］F. 卡尔卡诺：《商法史》，商务印书馆，2017 年版，第 9 页。
2. 由嵘：《外国法制史》，北京大学出版社，1992 年版，第 126 页。
3. 由嵘：《外国法制史》，北京大学出版社，1992 年版，第 126—127 页。

专营权和商事特权。这些国家的城市很多都成了国际性集市，实行商人自治管理，还出现了商人法庭。英国 1353 年制定了《商业中心法》，成立了商人法院，专门为商人服务，适用商人法。现代商法的概念应该是源于此。

这种自由资本主义时代的商人法随着专制王权的加强而逐渐改变，"商人阶级不再是其法律的制定者，而商法也经历了双重转变，即不再是阶级法，而是国家法；不再具有普遍性，而只有全国性。商法的渊源是国家制定的法律，这些法律在一国范围内有效……过去由商人行会内部的商人法官行使的商事审判权已变为由国家法院行使……专制君主国有自己的商业政策，法国最早的商事立法是 1673 年的《商业法令》和 1681 年的《海商法令》。城市时代商人阶级的严格自律被专制君主施与商人臣民的严格的规则所取代"。[1] 这是商法近代化的具体表现，国家的专门化集中立法取代了商人自治的规则，商人阶级的利益第一次集中体现在国家意志中，说明专制王权对商事活动的重视与支持，这是私法近代化的重要一步。在此基础上，1807 年法国制定了《拿破仑商法典》，用资产阶级的国家意志承继了专制王权对商事法专门立法的国家意志，进一步代表着资产阶级的利益，使商事法律部门的外观被集中、清晰地体现出来，全国性商事活动的行为规范被统一、系统地归纳出来，反映了近代资产阶级在民主、法治上的巨大贡献。自此之后，世界各国秉承近代商法理念，不断推进商法典的现代化。

商法典是商法部门的集中，但并不代表商法部门的全部。还有很多商法规范分散在商法典之外，也对社会起着与法典规范同样的作用。

### 2. 中国的商法部门

我国古代就存在商事法律规范。我国古代很长时间以来，官商居上，占主导地位。春秋时"卫国的'国人'身份的私营工商业者势力日益增长，成为卫国政治、经济上的重要支柱，决定重大国策要征询工商者的意见（见《左传》定公八年，王孙贾争取工商业者支持卫国叛晋之事）。晋文公在返国

1.［意］F. 卡尔卡诺：《商法史》，商务印书馆，2017 年版，第 61—62 页。

之初，也采取'通商宽农，轻关易道'的政策给私营工商业者以优待，所以后来晋国私商活跃，有其财足以'金玉其车，文错其服，能行诸侯之贿'的富商出现于绛都"。[1] 这说明商人阶层的力量已经影响了卫国经济政策的制定，很多有利于商人活动的规范被制定出来，国家的意志中体现着对商人利益的保护。这与欧洲用私法这种国家意志来保护商人利益的理念相似，都是在专制王朝的统治下制定的商事法律规范。春秋时期商人曾为新兴的封建地主阶级出过大力。如郑国商人曾支持郑君立国，齐国商人曾支持管仲和田氏，郑国商人曾支持子产，因此君王在颁布法令时都考虑了有利于这些商人的利益，只是后来由于商人过度争利，囤积居奇，大放高利贷，盘剥农民，损害了封建经济的经济基础，才出现了重农抑商的经济政策，一直到封建社会终结。否则，我国很可能也会出现像中世纪欧洲一样的商人阶级和商法。

前文已述，据《周礼》记载，西周国家设立"司会"一职对财务收支活动进行"月计岁会"，又设司书、职内、职岁和职币四职分理会计业务，其中，司书掌管会计账簿，职内掌管财务收入账户，职岁掌管财务支出类账户，职币掌管财务结余，并建立了定期会计报表制度、专仓出纳制度、财物稽核制度等。这表明在西周前后，我国已经有了会计制度，其中就有商业簿记的单式记账法，除了属于国家经济法的会计属性外，还存在商法部门意义上的普通商业会计制度，这可以看作法规部门性质竞合现象。战国时期，魏国李悝编写的《法经》，其中包含"会计"方面的内容，如在会计簿书真实性和保管方面，规定会计簿书如果丢失、错讹，与被盗数额同罪；在会计凭证和印鉴方面，规定券契（当时的原始凭证）如有伪造、更改等情形，重者与盗贼同罪论处，轻者以欺诈论处；如上计报告不真实，有欺诈隐瞒者，根据情节轻重判刑。[2] 我国古代也存在商事合伙制度。"合伙

---

1. 吴慧：《中国商业政策史》，社会科学文献出版社，2014 年版，第 12—13 页。

2. 参见 https://www.zhihu.com/question/31102713/answer/283311866。

制至唐以后得到更大的发展，在工商各行业中更为普遍，从而引起官府的重视，有判词范本言：'得景与乙同贾，景多收其利，人刺其贪，辞云：知我贫也。'"[1] 其基本意思是，合伙中多吃多占被处罚。这反映了当时社会商事合伙的基本法律原则，对不公者判罚。这说明我国古代并不缺乏关于商事活动的规范。

近代以来，西方商法知识与思想传入中国。"中国近代的商事法不是由古代封建社会发展而来，而是近代资本主义商品经济的产物"，[2] 清政府于1903年拟定了大清商律，同年7月设立商部，颁布了《商人通例》和《公司律》，1906年颁行《破产律》，1908年聘请日本人志田钾太郎起草了《大清商律草案》。这是中国出现的专门化的商事法律，标志着近代中国商法典的产生。

北洋政府于1914年颁布了《商人通例》及其实施细则，明确了商人和商行为。1914年颁布了《公司条例》及其实施细则，同年还颁布了《公司注册规则》《公司保息条例》《商业注册规则》《证券交易所法》，1921年颁布了《物品交易所条例》。北洋政府1915年就颁布了《破产法案》，至1927年实施。

南京国民政府于1929年颁布了《民法》，实行民商合一，《民法》中有大量的商事法律规范。南京国民政府还颁布了《海商法》《保险法》《票据法》。

新中国成立后，我国于1986年颁布了《破产法（试行）》，1992年颁布了《海商法》，1993年颁布了《公司法》，1995年颁布了《保险法》《票据法》，1997年颁布了《合伙企业法》，1999年颁布了《个人独资企业法》。它们组成了现代中国商事法律部门的基本体系。

1. 刘秋根、黄登峰：《中国古代合伙制的起源及初步发展》，《河北大学学报》（哲学社会科学版），2007年第3期。
2. 王保树：《中国商事法》，人民法院出版社，2001年版，第35页。

## 五、行政法部门

### 1. 国外的行政法部门

行政法是与经济法交叉最多、争论也最多的法律部门。行政是政治的组成部分，但是行政无法代表政治的全貌，更不能代替国家政治经济行为的全部。行政的概念是从政治中逐渐分离出来的，因此行政、立法、司法都是国家政治的组成部分。

国外古代就存在行政方面的立法。

大约公元前 20 世纪的《埃什嫩那国王俾拉拉马的法典》第 50 条规定："倘职司治水之地方长官或任何公务人员捕到属于王宫或穆什钦努之亡奴、亡婢、亡牛或亡驴，不以之送至埃什嫩那，而留于自己之家，如过七日或一月，则王宫当按司法程序索取其赃物。"[1] 这个法律规范主要针对公务员履职行为而设定，属于典型的行政法律规范。

1215 年《英国大宪章》第 24 条规定，郡长、监军保安官、检验吏或执行吏不得受理刑事诉讼。第 28 条规定，凡监军保安官或其他执行吏，不得强取任何人之五谷或其他动产，唯各该官吏即刻出资购买或依出售者之意准其延期付款时，不在此限。这两条规定将行政权力与司法权力清晰地分开了，将行政执法与民事采购明确地分开了。

欲深入了解行政法部门，得先深入了解政治与行政的基本理论。分权思想可以追溯到古希腊，从柏拉图的混合政体理论到亚里士多德的政体三要素论（议事、行政、审判）和波里比阿提出的权力制衡，1689—1690 年洛克的《政府论》完成三权论述，指出，契约国家的权力分为三种，立法权、执行权和对外权。1748 年孟德斯鸠《论法的精神》进一步提出三权分立学说，将国家权力分为立法权、行政权和司法权。至此，行政的概念清晰起来，但是并没有被从学术上严谨地下定义。在政治与行政二分法中，学界

---

1. 法学教材编辑部：《外国法制史资料选编》（上册），北京大学出版社，1982 年版，第 9 页。

认为是 1887 年威尔逊发表的论文《行政的研究》严肃地将政治与行政区分开来。但威尔逊在论文中指出，政治与行政的区分是由德国政治学家布伦奇里（Bluntschli）做出的。他指出："政治是所涉事情重大而普遍的国家活动；行政相反，它是个人和细琐事情的国家活动。因此，政治是政治活动家的特殊领域，行政则是技术官员的领域。虽然政策若无行政的支撑便无所作为，但是行政并不因此而就是政治。"[1]这从理论渊源上厘清了政治与行政的关系，行政正是在这样一个思想运动跨度内逐渐与政治分离，因此行政不能代表政治的全部。"实际上，行政中很大一部分是与政治无关的；所以，即使不能全部，也应该在很大程度上把它从政治团体的控制下解放出来。行政之所以与政治不相干，是因为它包括了半科学、准司法和准商业或商业的活动——这些活动对于真正的国家意志的表达即使有影响也是很小的。为了能最有利于行使行政功能的这一分支，必须组织一套完全不受政治影响的政府机构。"[2]这段论述非常深刻地解释了行政与政治的关系，分析了行政从政治分立的原因，为行政行为从理论上奠定了坚实的基础。虽然行政概念的形成是近代以来的事情，但是并不能否认在概念出现之前就存在行政法律规范与行政法部门，只是在近现代社会，这一概念被表达得更加科学、细致、完整。

行政法部门在近代化过程中经历了重要的发展阶段。

首先是国家侵权赔偿责任制度的形成。1873 年布朗哥案确立了国家侵权赔偿责任制度，即国家公务人员在执行行政行为时造成侵权的损害后果如何承担责任的问题。在此之前国家是奉行不赔偿责任原则的。"它是 19 世纪下半叶以来西方国家行政职能不断扩张的一个必然性的法律结果。"[3]它确立

1. 景跃进：《"行政"概念辨析——从"三权分立"到"政治与行政二分法"》，《教学与研究》，2003 年第 9 期。
2. 景跃进：《"行政"概念辨析——从"三权分立"到"政治与行政二分法"》，《教学与研究》，2003 年第 9 期。
3. 由嵘：《外国法制史》，北京大学出版社，1992 年版，第 386 页。

了行政赔偿原则，现今世界各国大都采用这种思想。行政行为的思想清晰起来，制度也细化起来。

其次是行政法院的设置。1872 年法国国家行政法院从国王参政院中蜕变出来，开始行使行政审判权，1889 年通过卡多案的判决使行政诉讼获得了普遍的管辖权。这大大推进了法国行政法的发展，奠定了行政法部门在近代社会的基本格局。自此之后，行政法概念逐渐清晰起来。

虽然法国是一个成文法国家，但是它在行政法方面长期以来一直以判例为主。长期以来行政法都没有被编成完整的法典，以集中体现行政法部门。"因为行政事项变更迅速，立法者迫于需要，先后采取不同的立法，有时做出片段的规定，势不可免。行政法很少规定一般性的原则，或者确定一个定义。因此，虽然行政法的数量很多，有些法规甚至对某些问题做出非常详细的规定，但是法国没有一部行政法典总则，甚至适用于全部行政事项的规则。不仅法国如此，其他国家也一样。"[1] 情况的确如此，长期以来各国多是判例或单行的行政立法，少见统一的法典，但这并不能否认行政法部门的存在，它古代有，近代有，现代仍有。2015 年，法国颁布了《公众与行政机关之关系法典》，发端于 19 世纪，跨越 20 世纪，法国行政法经历了由判例法之发展路径向法典化之发展路径的转轨。这是一个新的发展趋向，也许将来更大规模的行政法典也会诞生，但其只是行政法部门的一种集中表现形式而已，并不能代表行政法部门的全部。

英美法系虽然不像大陆法系那样划分法律部门，但是并不代表它不存在法律部门，包括行政法。"美国行政学者 F. J. 古德诺在 1893 年的《比较行政法》中指出，英美没有行政法的概念，不是因为这种法律在英美不存在，而是因为英美学者一向不注意法律分类的缘故。"[2] "英国第一部以行政法命名的著作是 1929 年 F. J. 波特的《行政法》，在此以前，W. A. 罗布森在 1928 年写

---

1. 王名扬：《法国行政法》，北京大学出版社，2016 年版，第 18 页。
2. 王名扬：《英国行政法》，北京大学出版社，2016 年版，第 16 页。

过一本《司法和行政法》，这两部书是英国行政法学著作的先驱。"[1]这说明英国法学界也接受行政法的概念。

美国的行政法与英国类似。"1893年，古德诺出版比较行政法时，才在学术著作上首先出现这个名称。然而名称的不存在，不表示在此以前美国没有行政法存在。行政法和行政一样古老。有行政活动和与它有关的法律时，就有行政法存在。"[2]美国的行政法由最初的普通法的附属逐渐独立化、集中化，发展至今，形成《联邦侵权赔偿法》《联邦行政程序法》《联邦咨询委员会法》等。

### 2. 中国的行政法部门

"行政法"一词是近现代西方法治的产物，但是行政法的理念，我国自古有之。

据史料记载，夏朝就有管理畜牧业的牧正官职，属于中央设置的官职，而且夏朝设置有地方管理机构，[3]虽未看到夏朝的立法规定有行政法律规范，但是行政管理的制度我们已经看到了，说明在当时应该有相应的规定。"夏朝已有了军法，《尚书·甘誓》记载着夏启与有扈氏作战之前的动员令"，[4]这说明国防行政方面的法令已经出现，这应该是中国目前有史料记载的最早的军事行政法律规范。

在商代，行政法的理念不断进步，"甲骨文和古文献记载有'卫''亚''射''多马''多亚''多射'等官。他们的主要任务是镇压奴隶暴动和进行掠夺性的征伐以及保卫殷邦"。[5]可见商代的军事行政法律规范已经非常清晰了，而且更加细致。商代还有了清晰的户籍管理制度。

"《秦律》禁止官吏非法经商，对于官吏需要处理的物品作了详细规定，

---

1. 王名扬：《英国行政法》，北京大学出版社，2016年版，第19页。

2. 王名扬：《美国行政法》，北京大学出版社，2016年版，第36页。

3. 张晋藩总主编，蒲坚主编：《中国法制通史》（第一卷），法律出版社，1999年版，第98页。

4. 张晋藩总主编，蒲坚主编：《中国法制通史》（第一卷），法律出版社，1999年版，第99页。

5. 张晋藩总主编，蒲坚主编：《中国法制通史》（第一卷），法律出版社，1999年版，第142页。

对于非法经商的要处以刑罚……如《秦律杂抄》规定：'吏自佐、史以上负从马、守书私卒，令市取钱焉，皆迁。'即使下级官吏利用为其配备的马匹和差役进行贸易牟利活动，也要处以流放的重刑。"[1]从这个规定中可以看出秦朝的行政规范已经非常严密了，对于行政管理已经有了一套规定。

到了汉代，行政管理的规范日益发达，如"东汉蔡邕所撰《独断》一书，开篇即罗列解释皇帝的名物典章制度：汉天子正号曰皇帝，自称曰朕，臣民称之为陛下，其言曰制诏，史官记事曰上，车马、衣服、器械、百物称乘舆，所在曰行所在，所居曰禁中，后曰省中，印曰玺，所至曰幸，所进曰御。其命令一曰策书，二曰制书，三曰诏书，四曰戒书"，[2]这个关于皇帝礼制的行政管理法律规范让我们看到了封建等级制度的法律化，看到了森严的古代法治。"中国古代的职官法就很为发达，《睡虎地云梦秦简》中的《置吏律》、《除吏律》、《为吏之道》，汉代的《上计律》、《左官律》、《汉官典仪》、《汉仪》，南北朝时的《麟趾格》、《九品官人法》，唐代的《唐六典》，宋代的《庆元条法事类》，元代的《元典章》，明清的《会典》、《六部则例》等都成为职官法的主要渊源。"[3]这是古代中国的一种行政管理法律制度。这种模式一直从秦汉延续到清。

近代以来，受三权分立思想影响，"行政"之专门概念在中国出现。"如载泽等奏在日本考察大概情形：'日本维新以来，一切政治取法欧洲，复斟酌于本国人情风俗之异同，以为措施之本，而章程、法律时有更改，头绪纷繁，非目睹情形，不易得其要领。连日率同参随各员赴其上下议院、公私大小学校，乃兵营、械厂、警察裁判递信诸局署，详为观览，以考行政之机关，与其管理监督之法'……又如奏在英国考察情形：'英国政治，立法操之议会，行政责之大臣，宪典掌之司法，君主裁成于上，以总核之。'"[4]这是

1. 张晋藩总主编，蒲坚主编：《中国法制通史》（第二卷），法律出版社，1999年版，第89页。
2. 张晋藩总主编，徐世宏主编：《中国法制通史》（第二卷），法律出版社，1999年版，第305—306页。
3. 张晋藩主编：《制度、司法与变革》（近代化卷），法律出版社，2015年版，第23页。
4. 张晋藩主编：《制度、司法与变革》（近代化卷），法律出版社，2015年版，第16页。

1905 年清廷五大臣出国考察所写的报告，第一次清晰地提出了"行政"这个词。据专家考证，宣统二年或三年，清朝制定了《钦定行政纲目》，"其《行政纲目》中总论曰：'谨按宪法大纲，君主立宪政体，君上有统治国家之大权，凡立法行政司法皆归总揽。而以议院协赞立法，以政府辅弼行政，以法院遵律司法等语，是所谓政府者，乃君主行使大权所设机构之一，绝非以君主为政府之长'……这部晚清重要的职官法典，在其钦定之日还未及颁行，晚清朝廷就气数已尽，趋于灭亡，这当是此部《行政纲目》后世罕见为世人所忽视的主要原因"。[1] 这应该是目前能查到的最早的以行政命名的近代立法了。

辛亥革命后，南京临时政府组建，制定了《中华民国临时政府中央行政各部及其权限》，又制定了各部官制通则和陆军、外交、内务、交通、教育、司法等部及各局官制，规定了中央行政各部的组织，部长、次长、司长和各科的职责权限，以及各级官员分别委任办法，还颁布了《南京府官制》。北洋政府时期颁布了如《禁烟条例》《国籍条例》《戒烟法》《官吏服务令》《治安警察法》《狩猎法》等。南京国民政府时期的行政法非常发达，成为六法全书体系的重要组成部分，涉及内政、教育、军政、财政、经济行政、人事等类别，但是没有编纂统一的行政法典。在行政程序法方面，1914 年北洋政府颁布了《行政诉讼条例》，同年又颁布了《行政诉讼法》。1932 年南京国民政府颁布了《行政诉讼法》，1945 年颁布了《行政法院组织法》。近代行政法部门的形式不断完善。[2]

中央苏区在 1931 年也颁布了《中华苏维埃共和国划分行政区域暂行条例》，另外还有涉及土地方面的行政立法。

新中国成立后，1949 年颁布了《中央人民政府组织法》，1954 年全国人大通过了《国务院组织法》，在此基础上又颁布了很多行政组织法规和行政

---

1. 张晋藩主编：《制度、司法与变革》（近代化卷），法律出版社，2015 年版，第 34—35 页。
2. 应松年主编：《行政法与行政诉讼法学》，高等教育出版社，2017 年版，第 19 页。

管理法规，1957年颁布了《监察条例》《治安管理处罚条例》《消防监督条例》《关于国家行政机关工作人员的奖惩暂行规定》。十一届三中全会后，我国很快制定了地方组织法和国务院组织法，各个领域的行政立法也逐渐建立起来。1989年制定了《行政诉讼法》，把民事诉讼法中的行政诉讼制度独立出来，开启了中国行政法治化的新历程。其后，《国家赔偿法》《行政处罚法》《行政复议法》《行政许可法》《行政监察法》《行政强制法》等一系列行政法律制定实施，使得中国的行政法部门越来越完善。[1]

### 3. 行政法部门的增论

在行政法部门与经济法部门的划分上，本书再增加一点论述。

在行政法学界照样存在古代是否有行政法部门的争议，这与经济法及其他法的部门是同样的问题。"研究现代行政法的学者却断然否认在前资本主义社会存在行政法，他们认为行政法是近代资产阶级革命后伴随着宪法、民主观念的产生而出现的，是人民控制行政机关的法律。"[2] 对此，专家予以了批驳，认为这种观点是基于"现代意义的行政法是在资产阶级反抗封建君主直接操纵行政权并实行暴虐统治的斗争中发展起来，其精神实质就是依法行政，这成为资产阶级法治主义的重要原则之一。可以说，现代意义的行政法有两根柱石：第一根柱石是行政行为合理主义……第二根柱石是行政程序公正主义"，[3] 而中国古代包括外国古代也都缺乏这两根柱石，所以没有现代意义上的行政法是可以理解的。但现代意义的行政法还有第三根柱石，即行政管理的法定主义，也可以说是行政管理的法制化。这一点指出了古代行政法与现代行政法的相通之处，自古国内外很多国家、民族都有过严格的行政管理制度，这都是人类文明的成就，传承千年，只是形式可能发生了巨大变化，但是在法的本质上的意义是一样的。这个观点对于经济法部门也是同样

1. 应松年主编：《行政法与行政诉讼法学》，高等教育出版社，2017年版，第19页。
2. 张晋藩主编：《制度、司法与变革》（近代化卷），法律出版社，2015年版，第89页。
3. 张晋藩主编：《制度、司法与变革》（近代化卷），法律出版社，2015年版，第89—90页。

适用的，不能在泼洗澡水的时候连孩子一起泼掉。其他的法律部门也都存这个问题，这是一个深刻的哲学问题，是内容与形式的关系问题，如果处理不当，必然导致僵化、教条的观点盛行，无端抹杀了古代各国的法律文明成就。

因此，专家认为："对这套与现代行政法比较在价值取向上有根本不同，在技术上又有许多相似之处的典章制度，为考溯其承继关系或利于研究中的比较分析，姑且叫它古代行政法也未尝不可，没有必要拘泥于某种死概念。当然，我们在谈中国古代行政法这个概念时，必须明了其独具的内涵和界定，特别要注意它与现代意义行政法的分野。"[1]这一段论述深刻地从法哲学层面上揭示了法律部门的本质与形式，机械论者认为古代不存在很多法律部门，看不到各类法律规范的分散存在。这样就扭曲了法律部门的概念，抹杀了法律学的科学性，陷入形而上学的机械唯物论，导致僵化、教条，严重影响法学学科的发展，更严重影响法学各部门之间的关系认识。有的人会得出古代有民法、刑法部门，却没有行政法、经济法等部门的错误观点。对此，"自1983年张晋藩提出'民刑有分，诸法并存'的著名论点以来，很多法制史学者都纷纷撰文，指出中国古代的《周礼》、《唐六典》、《明清会典》等都是行政法典，另有大量的行政法规、条例和诏敕，成为中国古代行政法的重要渊源。中国古代行政法很发达，它对督励官吏忠于职守，确认国家机关的权责，保证整个国家机器的运转起了很大的作用，是封建法律体系的重要组成部分"[2]。这是一个逻辑清晰的论断，明白无误地指出中国古代行政法的形式与功能，用非常灵活的视角来观察行政法部门，扎实地把握住了部门法的形式与实质的关系，是深刻的法哲学论断，是视野宽阔的研究能力的体现，也是高屋建瓴的历史考证的反映。

也正是在这个基础上，笔者认为行政法根本无法替代经济法。作为国家

1. 张晋藩主编：《制度、司法与变革》（近代化卷），法律出版社，2015年版，第90—91页。

2. 张晋藩主编：《制度、司法与变革》（近代化卷），法律出版社，2015年版，第88页。

权力的一个组成部分，行政权是分权的结果。国家是一个综合的统治实体，依据现代社会的科学理论划分为几个权力组成部分，行政权只是其中一个类别，所以经济行政权力只是国家政治经济权力的一个部分，不是全部。国家政治经济权力有的给了立法机构，如经济制度立法权，像税种的立法权、预算权等；有的给了行政机构，如经济行政权，像经济活动中的审批、登记、监督、管理、调控（部分权力）、规制（部分权力）等；有的给了司法机构，如审判权、裁决权、调解权、强制执行权等。国家的政治经济权力有时确实需要以经济行政方式实现，但还有很多市场化与准市场的行为。例如国债法。发行国债有时通过强制实现，这表现为经济行政；更多的时候是通过公开交易的方式实现，但是与一般的民商事交易有很大区别，如果国债无法兑付那就无法通过一般的诉讼救济，此时我们可以清晰地看到这不是一般的民商事交易行为，而是一种国家的准市场化行为，它既模仿市场交易行为，又隐含着政权的暴力后盾，是一种特殊的国家经济行为，有市场行为的形式，自愿、有偿，但是缺乏诉讼救济保障，只能寄希望于国家统治集团的信用。再如政府采购法。政府采购一方面具有鲜明的市场交易特征，通过合同化的方式实现采购，但是合同条款中却又镶嵌着很多国家利益的条款，这些利益无法与个人利益对等，但又是合同，既不是民事合同，又不是行政强制下的合同，体现的却是国家的经济利益，因此属于一种经济法合同，用行政法的思想来解释必然会产生法理不通的逻辑矛盾，所以在法理上应当承认经济法与行政法的确不同。

## 六、宪法部门

### 1. 国外的宪法部门

宪法作为一个法律部门，相应的法律规范自古有之，涉及的是国家制度的原则和国家政权的组织以及公民的基本权利、义务等内容。与其他法律部门相同，近代以来资产阶级民主宪政思想只是创制了近代的宪法立法，并非创造了宪法法律部门。

公元前20世纪楔形文字留存的《伊新国王李必特·伊丝达的法典》的序言中做出了如下规定："当安和恩利尔为了建立境内的法律、为了消除众人的怨言、为了防止敌意与暴力的武装、为了满足苏美尔及阿卡德的生灵，选择李必特·伊丝达来领导国家的时候。"[1] 这句条文读起来甚至有些语法上的问题，但是它清晰地记载了该部法典的权力基础、执政者和执政目标，当然属于古代的宪法性法律规范。现代社会的概念在古代社会能够找到痕迹也是社会进化的明证。在古代著名的《汉谟拉比王法典》中，开篇就做出了如下规定："安努那克之王，至大之安努，与决定国运之天地主宰恩利尔，授与埃亚之长子马都克以统治全人类之权，表彰之于伊极极之中，以其庄严之名为巴比伦之名，使之成为万方之最强大者，并在其中建立一个其根基与天地共始终的不朽王国。"[2] 公元前18世纪的这部法典让我们看到了古巴比伦法典中的宪法性法律规范，它确立了执政者，同样确立了执政目标，将国家的目标列入法律。

古希腊很早就使用了"宪法"一词。公元前594年梭伦当政时颁布了《雅典宪法》，"下面就是他所创立的宪法：他依照以前人民的分等，按财产估价把人民分作四个等级……现行宪法的形式如下。凡父母双方均为公民者有公民权，公民在十八岁时在他们村社的名簿中登记"。[3] 它还规定了议事会、执政官的权力等，从中可以看到古希腊的宪法文明对欧洲近代启蒙思想的影响。应该说，古希腊的宪法法律部门的形式已经非常完善，形成了专门化的宪法立法，详细规定了政治结构与相应机构的权力职责，这是一项了不起的法制成就。

---

1. 法学教材编辑部：《外国法制史资料选编》（上册），北京大学出版社，1982年版，第11页。
2. 法学教材编辑部：《外国法制史资料选编》（上册），北京大学出版社，1982年版，第17页。
3. 法学教材编辑部：《外国法制史资料选编》（上册），北京大学出版社，1982年版，第119、121页。

举世瞩目的 1215 年的《英国大宪章》第一条规定："开宗明义第一，根据本宪章，英国教会应予自由，其权利仍旧不动，其自由权不得侵犯。英国教会所认为最重要及最必须之选举自由权，在朕与诸男爵发生不睦前，已由朕自动颁赐。"[1] 其中最著名的就是第 12 条，限制国王自由征税的条款，体现了英国宪政宪法的早期形态。这对近代资产阶级启蒙运动具有非常重要的影响。

近代以来，从英国开始出现了更加专门化的宪法立法。1679 年英国议会通过了《人身保护法》，目的是"使人民自由之保障更为妥善并取缔海外之监禁"，开了近代英国宪法专门化立法的先河。1688 年英国爆发"光荣革命"，通过了《英国民权法》，宣布保护人民的权利和自由，成为近代宪法部门的一个重要里程碑。1689 年英国议会颁布了《权利法案》，标志着君主立宪政体在英国的确立，"凡未经国会同意，以国王权威停止法律或停止法律实施之僭越权力，为非法权力"。[2] 英国近代宪法专门立法的形成体现了宪法部门从古代的分散规范形式向近代的专门立法过渡，是宪法部门演化的表现形式。

在英国宪法的影响下，1776 年美国颁布了《独立宣言》，宣告了美国的宪法立法出台，而早在 1620 年，《五月花号公约》就形成了美国的最早宪法性文件，只是当时美国尚未建国。

100 年后，法国爆发了大革命，1789 年颁布了《人权宣言》，形成了法兰西共和国的近代宪法专门化立法，宪法部门从古代走向近代。受此影响，世界很多国家纷纷制定了专门化的宪法文件。这种形式从近代一直延续到现代。

### 2. 中国的宪法部门

我国古代未曾见过"宪法"一词，相应的法律文件也未曾出现过，但是规定政权机构的职权职责的法律规范并不缺乏，这可以视作我国古代的宪法

---

1. 法学教材编辑部：《外国法制史资料选编》（上册），北京大学出版社，1982 年版，第 249 页。
2. 法学教材编辑部：《外国法制史资料选编》（上册），北京大学出版社，1982 年版，第 313—322 页。

法律部门的表现形式。"《诗经》上说，溥天之下，莫非王土，率土之滨，莫非王臣。从阶级关系说，周王是本国奴隶主的总代表。许多重大的军事和政治决策都由他一个人说了算。各级官吏由天子策命，诸侯由他分封，大的封国，二卿命于天子。周王的誓、诰在全国范围内都具有最高的法律效力。"[1]这是把政体和最高权力订立在了法律之中的具体表现，是一种古代宪法法律规范的表现形式。

在春秋战国时期，古代中国出现了"宪"字立法。"魏国较早就产生了一部法典，名为《太府之宪》，又称《魏宪》。《战国策·魏策》载：安陵君曰：'吾先君成侯，受诏襄王以守此地也，手授太府之宪。《宪》之上篇曰：子弑父，臣弑君，有常不赦。国虽大赦，降城王子不得与焉。'"[2]从这段资料中我们可以窥见中国古代的宪法法律规范也是很明确的，将国家的基本等级秩序在法律中明确规定下来。"《汉书·百官公卿表》载：'相国、丞相皆秦官，金印紫绶，掌承天子助理万机。秦有左右。'丞相是皇帝下面的最高行政长官，为百官之长，其职权是辅助皇帝总理政务。"[3]这反映的是秦国的官吏制度，就像今天宪法中规定的国务院的内容。此类宪法性法律规范一直存在，延续到清王朝末年才结束。

近代中国，由于清王朝日益腐败无能，被崛起的西方各列强任意欺辱与瓜分，传统的中华法系遭遇到严重的危机。于是，清廷派遣使臣出访欧美。"在载泽领衔的《奏请以五年为期改行立宪政体折》中，开宗明义：'宪法者，所以安宇内，御外辱，固邦基，而保人民者也。滥觞于英伦，踵行于法、美，近百年间，环球君主国，无不次第举行。'"[4]宪法的概念第一次进入中国。清王朝1907年颁布了中国历史上第一部专门化的近代宪法性文件

1. 张晋藩总主编，蒲坚主编：《中国法制通史》（第一卷），法律出版社，1999年版，第199页。
2. 张晋藩总主编，徐世宏主编：《中国法制通史》（第二卷），法律出版社，1999年版，第8页。
3. 张晋藩总主编，徐世宏主编：《中国法制通史》（第二卷），法律出版社，1999年版，第69页。
4. 张晋藩主编：《制度、司法与变革》（近代化卷），法律出版社，2015年版，第17页。

《钦定宪法大纲》，这是近代中国制定的具有否定君主专制意味的宪法性文件，与古代的维护君主专制的宪法性法律规范内涵差距甚大。

孙中山领导的辛亥革命推翻了清王朝的专制统治，1912 年颁布了《中华民国临时约法》，成为中国第一部资产阶级性质的宪法性文件，是近代中国宪法部门的具体表现形式，包含着资产阶级民主和法治的观念。《中华民国临时约法》1914 年被袁世凯当局的《中华民国约法》取代。1923 年，被称为"曹锟宪法"的《中国民国宪法》得以实施。1931 年，《中华民国训政时期约法》颁布实施。1936 年《中华民国宪法草案》颁布了，1946 年正式通过，史称《五五宪草》。中国的资产阶级政府一直在摸索发展中国近代宪法部门，努力探寻近代宪政的法律表现形式，但是由于军阀割据，半殖民地、半封建性质的困境，近代中国宪法部门的发展极不完善。

在中国共产党革命政权时期，1931 年通过的《中华苏维埃共和国宪法大纲》是一部"红色宪法"，它丰富了现代中国宪法部门的法律形式。1946 年制定的《陕甘宁边区宪法原则》确立了解放区政治经济生活的基本法律准则。革命战争时期以武装斗争为主，但是中国共产党并没有忘记用法律的形式来完善革命政权的建设，这是一项了不起的宪法成就。苏联的红色政权在 1924 年制定了世界上第一部"红色宪法"，中国共产党则紧随其后，将宪法部门的力量充分发挥，为革命政权的壮大起到了很好的作用。

新中国成立前，1949 年 9 月，中国人民政治协商会议第一届全体会议制定了《中国人民政治协商会议共同纲领》，作为新中国新生红色政权的临时宪法，它奠定了新中国民主政治制度的基础。1954 年，我国制定了《中华人民共和国宪法》，这是新中国颁布的第一部正式宪法。1975 年、1978 年，我国又在特殊历史时期颁布了两部宪法；改革开放政策实施后，1982 年颁布了现行宪法。新中国的宪法部门的表现形式在不断进步，不断向着现代化的方向挺进。

# 第二节　现代的情况

## 一、社会法部门

同其他法律部门一样，社会法的概念与系统思想的创制也是近现代社会的事情，但是古代也存在社会法的法律规范。这在很多国家都是一样的，与张晋藩先生的部门法观点相吻合。

### 1. 国外的社会法部门

公元前 18 世纪古巴比伦的《汉谟拉比法典》规定，"我，实行一切计划的贤明的统治者；曾庇护灾难之中的马尔恭人，使他们有足够的住所⋯⋯在灾难之际曾援助过自己的臣民，使其在巴比伦能安居乐业"，[1] 从中可以看出这是救灾性质的社会规范。

公元前 5 世纪古罗马的《十二铜表法》第十表"神圣法"第一条规定"死人不得在城市内埋葬或焚毁"，第六条规定"废止在奴隶尸体上涂敷防腐剂及圆杯饮酒。勿奢华浇酒，勿用长花环，勿用香炉"，[2] 其中包含着环境保护和城市公共秩序维护方面的社会规范，这说明古罗马时期已经出现了社会性质的法律雏形。

到了近代，专门化的社会法开始出现。在英国，"起源于 14 世纪的《济贫法》，一个主要特征就是使穷人参加工作的理念，1601 年的旧《济贫法》规定为济贫院中的丧失能力的穷人提供住处，体魄健康的游手好闲者则被送进感化院进行感化，监督人员可以对财产征收济贫税。尽管该法在很大程度上恶化了当时的生存环境，但是其通过国家立法对富人征收济贫税来救

---

1. 法学教材编辑部：《外国法制史资料选编》（上册），北京大学出版社，1982 年版，第 20 页。
2. 法学教材编辑部：《外国法制史资料选编》（上册），北京大学出版社，1982 年版，第 156 页。

济贫民的这种做法，改变了以往的方式，埋下了未来社会保障的种子"。[1]这段论述揭示了社会法部门在近代的形式变化，开始出现了有针对性的专门化社会立法，这是了不起的法治进步，是古代社会法规范无法比拟的。"从1601年英国颁布《济贫法》开始，社会法在全世界发展起来，形成一整套体系，其中，以社会保险法、社会救助法、就业促进法和与之关联的教育促进法、健康保障法以及对老年人、残疾人、未成年人的社会照顾法为典型代表。"[2]1834年英国《济贫法》修正案以及瑞士和挪威等欧洲一些国家的《济贫法》，改变了过去的强制方式，强调国家对公民实施社会救济是其应尽的义务。不仅如此，1802年英国的《工厂法》还做出了保护童工的健康的规定；1834年前后英国还颁布了《矿井法》《十小时工作法》《公共卫生法》，从强调保护童工和女工的基本权利，发展到规定最高工时、最低工资。德国1883年也制定了《疾病保险法》《意外事故保险法》《老年及残废保险法》等。[3]近代社会法部门的立法形式逐渐呈现出来，立法目标社会化程度日益提高，专门化立法越来越多，社会法的各项制度迅速发展起来。

德国于1975年制定了世界上第一部《社会法典》，其基本任务是化解人民在社会经济生活中的社会风险，主要针对老年、失业、疾病、工伤、生育和生活贫困等社会风险提供社会安全保障，主要内容包括：社会保险制度、社会补偿与福利制度、社会救助制度。[4]社会法的形式越来越丰富。

**2. 中国的社会法部门**

我国古代就存在贫民救济的保障类制度。古代经济主要靠农业，因此历朝历代都有设置仓储的法律制度。隋文帝时代创设的义仓，就属于地方性济贫救灾设施，还有常平仓、惠民仓也是专用于赈灾济民的设施。官方还办有

---

1. 白小平：《社会法起源新论》，《时代法学》，2013年第4期。
2. 汤黎虹：《社会法基本理论》，法律出版社，2017年版，第5页。
3. 汤黎虹：《社会法基本理论》，法律出版社，2017年版，第14页。
4. 汤黎虹：《社会法基本理论》，法律出版社，2017年版，第18—19页。

慈善机构，例如南北朝时期有"六疾馆"与"孤独园"，唐宋时期有"悲田养病馆"。这些制度均为社会保障性质的法律所设，朝廷通过颁布诏令、律例等形式将这些制度固定下来，成为我国古代社会法律规范的代表。《周礼》中就明确提出了备荒赈灾思想，还列举了灾后的赈灾措施。管仲提出了"九惠之政，一曰老老，二曰慈幼，三曰恤孤，四曰养疾，五曰合独，六曰问疾，七曰通穷，八曰振困，九曰接绝"，[1] 基本意思就是，国家向人民提供九种社会福利政策。可以看到，其与现代社会法思想极其类似，说明古代社会法部门在我国不仅存在，而且非常丰富。

民国初期，《大清新刑律》被修改为《民国暂行新刑律》，其第 224 条规定："从事同一业务之工人，同盟罢工者，首谋处四等以下有期徒刑、拘役或 300 元以下罚金。"1914 年，北洋政府颁布《治安警察条例》，规定："对于劳动工人之聚集，警察官吏认为有诱惑或煽动同盟解雇、同盟罢业、强索报酬、扰乱安宁秩序、妨害善良风俗情形之一者，得禁止之。"[2] 这是对世界社会法观念的一种挑战，不得人心，难以顺应历史潮流，被逐渐兴起的社会法思潮所批判。"五四运动"开启了中国现代劳动立法的思潮。"1921 年中国共产党成立后，旗帜鲜明地把争取劳动立法作为工人运动的重要内容，揭开了中国劳动立法史上新的一页。1922 年 8 月，中国劳动组合书记部根据中共关于开展劳动立法运动的指示，发出《关于开展劳动立法运动的通告》，并制定了《劳动立法原则》、《劳动法案大纲》，认为劳动界历来所受痛苦，均由于法律上无丝毫有利于我们工人之规定，要求北京政府废止《治安警察条例》及《暂行新刑律》中有关压迫工人的条款。"[3] 李大钊、陈独秀、李达等中共创始人在现代劳动法、社会学、社会法观念等的启发、宣传方面起到了至为关键的作用。

---

1. 参见 https://wenku.so.com/d/5ad4b1d670458a4ae33645c5dbe626af。

2. 饶东辉：《民国北京政府的劳动立法初探》，参见《近代史研究》，1998 年第 1 期。

3. 饶东辉：《民国北京政府的劳动立法初探》，参见《近代史研究》，1998 年第 1 期。

　　1931 年，中央苏区颁布了《中华苏维埃共和国劳动法》，共计 75 条。在当时的中国，它算最能体现劳动者社会保护的立法了。同年，中共苏区还颁布了《中国工农红军优待条例》《优待红军家属条例》。另外，《关于抗日根据地劳动政策的初步指示》《陕甘宁边区关于公营工厂工人工资标准之决定》等，表现出现代社会法思想不断渗透到中国工人社会的各个角落。中国近代社会法以工人的劳动保护为核心，结合马克思主义的工人运动，掀开了现代工人运动在中国的序幕，也成就了中国社会法的理论和实践基础的进步与完善。

　　新中国成立后，社会法部门以更丰富的立法形式展现出来。1950 年，中央人民政府颁布了《工会法》和《劳动保险条例》，为新中国最早的社会立法。1978 年，由全国人民代表大会常务委员会批准并由国务院颁布施行的《国务院关于工人退休、退职的暂行办法》拉开了改革开放社会立法的序幕。随后，我国 1981 年出台了《国务院关于职工探亲待遇的规定》，1989 年通过了《环境保护法》，1990 年通过了《残疾人保障法》，1991 年通过了《未成年人保护法》，1992 年通过了《妇女权益保障法》和《矿山安全法》，1993 年出台了《红十字会法》，1994 年出台了《劳动法》，1995 年通过了《固体废物污染环境防治法》，1996 年出台了《老年人权益保障法》和《噪声防治法》，1997 年通过了《献血法》，1999 年出台了《预防未成年人犯罪法》，1999 年出台了《公益事业捐赠法》，2001 年出台了《职业病防治法》，2004 年出台了《传染病防治法》，2007 年出台了《劳动合同法》《就业促进法》和《劳动争议调解仲裁法》，2010 年出台了《社会保险法》，2014 年出台了《安全生产法》，2020 年通过了《长江保护法》，2022 年又通过了《黄河保护法》和《黑土地保护法》。

　　改革开放以来，我国的立法不断增多，涵盖的社会问题也越来越具体，劳动保障、污染治理与防范、弱势群体保护、公共事业支持均有所涉及，我国的社会法不断走向更高的目标。

## 二、经济法部门

同社会法一样，经济法的概念与思想也是近现代人提出的，与民法、刑法这些古老的概念不太一样，因此本书将社会法与经济法放在一起对照，希望说明立法机构选择这两个法律部门作为划分法律的标准的缘由。本书在上篇已论述"古代经济法论""近代经济法论"和"现代经济法论"，在此只针对该论做出论据上的补充。

### 1. 国外的经济法部门

在《汉谟拉比法典》中有述："我，汉谟拉比，恩利尔所任命的牧者，繁荣和丰产富足的促成者，为尼普尔完成一切，使天地交泰，且成为埃·库尔光荣的保护者。"[1] 这是将国家对经济的促进作用直接表述出来，体现了国家与经济的关系。

公元 9 世纪末 10 世纪初，拜占庭帝国编制了《市政录》，主要内容为关于君士坦丁堡各种团体和行会的规章及法令，其中主要是经济法律规范和商事法律规范。

在第二帝国时期，拿破仑三世对经济自由主义很看重，"认为，国家没有理由也没有必要去做那些个人就可以做好甚至做得比国家更好的事情。但是，拿破仑三世并不是极端的放任主义者，在鼓励自由经济的同时，他又能够充分发挥国家的总体调节作用，例如，对煤、铁、机器制造业等工业部门以及运输业实行减税政策以刺激其发展；为各省省长拨出专款用于举行各种招待会和宴会，以鼓励各地招商引资、活跃经济；举办万国博览会（1855年和1867年），既向世界展示法国的经济实力，同时又从各国吸收先进的经验；与欧洲绝大多数国家签订自由贸易协定，取消自第一帝国以来长期实行的高额关税壁垒……在第二帝国时期，政府对功能单调、数量有限、分布不均的旧有银行体系进行了结构性调整，其结果使得法国的金融业面貌一

---

新……在七月王朝时期，政府就已提出通过铁路将全国各地连接起来的'蜘蛛网计划'，但这一计划因王朝末年的经济和政治危机而未能变为现实"。[1]拿破仑三世还任命新的省长对巴黎旧城进行了大规模改造，使其焕然一新。在契约自由、营业自由原则盛行的近代，法国与英美一样，都存在国家对经济的干预与管理，德国的崛起更是如此，后来的日本也是如此。因此，经济法部门在近代社会中可以清晰地找到很多具体的表现。

**2. 中国的经济法部门**

西汉桑弘羊向汉武帝提出了盐铁官营法，主要包括以下内容："（1）在全国的产盐地设立盐官，招募盐户自筹资金，由官府统一发给工具（盆）煮盐，工价按盆数计算。（2）在全国重要的产铁区设置铁官，冶铸铁器。非产铁郡设小铁官，销旧铁而改铸新器。（3）建立买卖机构，令原盐铁富商子弟充任官吏。（4）盐铁的生产、贩运、交易均由官府掌握，私人不得再行此业。敢有私铸铁器鬻盐者，处钛左趾之刑，没收一切器物。"[2]可见汉代对整个盐铁业实行国营，盐铁经营属于国家的经济贸易行为，具有法律上的独家垄断性。盐铁官营法属于典型的经济法规范，但其中涉及设置盐官、铁官及买卖机构中的官吏，需要进行盐铁业经营的行政管理与监督的内容属于经济行政法律规范，二者不能混淆。

唐代有市场管理和规制的法律，规定市和坊要分开，是从国家与市场的关系角度规范市场竞争的立法。"市的设置由官府批准，唐初规定'诸非州县之所不得置市'，县以下以及不满三千户的小县只有定期市集而已。市有市官，掌管'市内交易，察禁非为'，有一套市场法规。举凡商品的规格、质量、价格、度量衡的管理，市场秩序的维持，非法活动的取缔，都有明文规定，比之汉代更为严密、更为完备。如对价格就规定按精次粗三等分等定

1. 陈文海：《法国史》，人民出版社，2014年版，第314—315页。
2. 张晋藩总主编，徐世宏主编：《中国法制通史》（第二卷），法律出版社，1999年版，第455页。

价，每旬估价一次，而不是过去的一月或一季核定一次价格了。凡度量衡不合规定或核校不平，监校不觉的都要受杖刑；私造度量衡在市场使用的，受笞刑。出售器用绢布，粗制滥造、不牢不真，尺码短狭的，货物没收，人受杖刑。垄断市场交易、贱买贵卖，第三者在旁敲托，抬价压价，扰乱正常交易的受杖刑；获利过重，满一定数量的按盗贼条例论处等。"[1] 由此可以看出，唐代市场规制方面的经济法律规范已经非常严格了，涉及市场竞争的很多方面，国家在努力保护消费者的权益，而且既有行政法律规范，还有刑事法律规范，与现代的市场规制法的内容有些相像。

马寅初在研究国家经济收入时对税收有深刻的见解，指出税收改革的总体原则应该是："赋税应依纳税人的负担能力而征课，富人的担税能力大，所以应多纳赋税，是财政学上千古不废的原则。唯有把岁出的负担加在富人身上，才可以使富人感觉到庞大的支出于他们不利，必先使他们受了打击，方能逼他们与贫民打成一片，向政府要求平衡预算，对于改革的方向，他认为应该是改良间接税即所以减轻贫民之赋税，增加遗产税、所得税、公司营业税等，以重富人之赋税。"[2] 马寅初一针见血地指出了税法确定国家收入的基本方向，揭示了国家经济第一收入的基本规律。

1931 年民国时期的《银行法》关于最低资本额的限定表述为，"股份有限公司、两合公司、股份两合公司组织之银行，其资本至少须达 50 万元；无限公司组织之银行，其资本至少须达 20 万元；在商业简单地方，经财政部核准，前者不得在 25 万元以下，后者不得在 5 万元以下"；《银行法》中关于加重股东责任的第五条规定，"股份有限公司之股东及两合公司、股份两合公司之有限责任股东，应负所认股额加倍之责任"；《银行法》关于营业监管的第六条规定，"凡经核准登记之银行，应俟资本全数认足，并收足总额二分之一时……呈请财政部派员或委托所在地主管官署验资具证，经认

---

1. 吴慧：《中国商业政策史》，社会科学文献出版社，2014 年版，第 65—66 页。
2. 舒丽娟：《南京国民政府时期马寅初税收思想研究》，《财政与税务》，2014 年第 2 期。

为确实，由财政部发给银行营业证书后，方得开始营业"。[1] 这部《银行法》在当时引起了较大争议，也与我国当时的国情有差距，但是关于银行业经营的国家监管思想跃然纸上，体现了近代中国金融经济法的重要发展。

1979 年颁布的《中外合资经营企业法》是一部集经济法、商法和行政法规范于一体的法律。这部法律是我国改革开放后制定的第一部涉及国有企业经营的基本法，涉及我国改革开放的基本方式。当时是在计划经济体制下，为了吸引外资，我国用国家的法律信用作为保障，确定了合资的基本条件与程序要求，涉及国有企业的内容当属现代经济法的基本规范，涉及有限责任公司的内容属于现代商法范畴，涉及核准、审批、监管等的内容属于行政法规范。整部法律的制定是为了招商引资，是为了国家的改革开放和经济建设事业，因此根据其立法的基本目的和需要直接保护的利益，将其列入经济法部门是有充分的法理依据的。

---

1. 参见 https://www.sohu.com/a/303084938_777955?sec=wd。